Ilse Thiman

Irmgard Jeske

Karin Heide Michel

Quade

Brigitte Ot

Klaus-Dieter Jeske

von Olnimb

Brigitte Hesse-Rüssler

Klaus Lohmeier

Gerda Latthusen

Ingrid Stephan

Marlis Bütting

Wagner

Regina Hildebrandt

SCHAUMBURGER WILDGERICHTE

Die Deutsche Bibliothek – CIP-Einheitsaufnahme

Schaumburger Wildgerichte: eine amüsante Pirsch auf
Gaumenfreuden mit Horst Hesse und 50 Rezepten von
Schaumburger Wildköchinnen und -köchen / Klaus-D. Jeske
liefert die pikanten Beilagen um Wild, Jagd und Jäger. –
ISBN 3-89109-029-3
NE: Hesse, Horst [Hrsg.]

SCHAUMBURGER WILDGERICHTE

Eine amüsante Pirsch auf Gaumenfreuden

mit **Horst Hesse**
und 50 Rezepten
von Schaumburger
Wildköchinnen und -köchen

Klaus-D. Jeske
liefert die pikanten
Beilagen um Wild,
Jagd und Jäger

UTE BERNHARDT-PÄTZOLD DRUCKEREI & VERLAG

Vorwort

» Wenn du mit jemandem
über die Jagd
reden willst,
tu' es nach einem
guten Wildessen! «

Der Ausspruch weist auf Gemeinsamkeiten zwischen Jägern und Nichtjägern hin. Der Berührungspunkt zwischen den beiden besteht darin, daß beide Nutzer unserer heimischen Landschaft sind. Sicher in unterschiedlicher Weise und in unterschiedlicher Intensität, aber wir alle leben in und von der Natur. Vielleicht hat der Jäger diese Erkenntnis anderen gegenüber voraus bzw. ist sich stärker der Zusammenhänge bewußt. Nutzung heißt in unserem Falle Jagd, und das Ergebnis der Jagd, die Jagdbeute, eben das Wildbret, steht im Mittelpunkt dieses Buches. Neben dem praktischen Nutzen als Kochbuch in der Wildküche kommt Heiteres und Besinnliches nicht zu kurz. Informationen über Wild, Jagd und Jäger sind geeignet, mögliche Mißverständnisse im Umgang zwischen Jägern und Nichtjägern abzubauen.

Anliegen des Buches ist es auch, neue Freunde zu gewinnen für die Verbreitung unseres heimischen Wildbrets in den Schaumburger Küchen und über die Grenzen hinaus.

Vielleicht kann das eine oder andere Kapitel dieses Buches in einer schöpferischen Pause in der Küche oder in einer Mußestunde nach einem guten Essen Anregung sein für ein Nachdenken über Zusammenhänge, die man so vorher noch nicht gesehen hat.

Klaus-Dieter Jeske

Obmann für Öffentlichkeitsarbeit der Jägerschaft Schaumburg

Vorwort

Kein Angehöriger der weißen Zunft bin ich als Autor des » kochenden « Anteils dieses Buches. Vielmehr seit etwa drei Jahrzehnten: aus Überzeugung Offizier, mit Begeisterung Pilot, aus Passion Jäger und mit Leidenschaft Hobbykoch.

Dieses ist kein Buch, um danach kochen zu lernen. Es ist vielmehr neben der Sammlung von über 50 Wildbretrezepten eine Zusammenfassung von Erlebnissen und Erfahrungen als Jäger und Koch, beginnend bei der » Wildernte « im Jagdrevier, über das Versorgen des erlegten Wildes, die Lagerung, Behandlung, Vorbereitung und Zubereitung des Wildbrets in der Küche, bis zum Einsatz von Messer und Gabel an der Wildtafel. Ein besonderer Dank gilt den Damen und Herren der grüngrauen Zunft, die ihre bevorzugten Wildrezepte aus der Schaumburger Küche zur Verfügung gestellt haben. Zwar habe ich noch nicht alle Rezepte in »Topf und Pfanne « überprüft, bin aber nach bestem Wissen und Gewissen davon überzeugt, daß Sie risikolos alle Schaumburger Wildgerichte in Ihrer Küche zubereiten und zur Freude Ihres Gaumens auch verzehren können.

Gelingt Ihnen das eine oder andere Wildgericht beim » Küchenzaubern « nicht sofort perfekt, sollten Sie mich trotzdem nicht vor dem dritten Versuch beschimpfen und den rezeptvorschlagenden Wildkoch erst nach dem beginnenden Magenkrampf mit moderater Stimme um helfende Auskunft bitten.

Horst Husse

Ein Schwerpunkt meines Verlages ist es, Bücher aus der und über die Region Schaumburg zu veröffentlichen. Das Wildkochbuch mit dem lokalen Kolorit herauszugeben, ist mir als »Auch-Hausfrau « und Naturfreundin eine persönliche Freude.

Bücher mit lokalem Bezug lassen uns nicht nur reflektieren,wo wir leben, sondern dienen auch anderen, zu erkennen wer wir sind - wir Schaumburger.

Handfester Nutzwert, gespickt mit Informationen und »beschmunzelbarer « Beilage, sind ein gutes Rezept für ein Buch, das eine Lücke in jeder Kochbuchsammlung schließen wird.

Ute Bernhardt-Petzold

Wegweiser zur Pirsch auf Schaumburger Wildgerichte

Wegweiser zur Pirsch auf Schaumburger Wildgerichte

Wegweiser zur Pirsch auf Schaumburger Wildgerichte

Wegweiser zur Pirsch auf Schaumburger Wildgerichte

Kurze Geschichte der Jagd

DES WAIDMANNS URSPRUNG LIEGT ENTFERNT,
DEM PARADIESE NAH,
DA WAR KEIN KAUFMANN, KEIN SOLDAT,
KEIN ARZT, KEIN PFAFF, KEIN ADVOKAT,
DOCH JÄGER WAREN DA.

Prähistorische Felszeichnung eines Jägers

Wie wolt Wolfdieterich ein ritter nyder gestochen hăn / der ward zů im gesant von der kaiserin / mit einem falcken·

Aufbruch zur mittelalterlichen Falkenjagd

Die Geschichte des mitteleuropäischen » Waidwerks « beginnt mit dem Zeitpunkt, als unsere Urahnen aufhörten, als » Raubtiere « zu leben und den Wildherden zu folgen. Sie wurden seßhaft, fingen wilde Tiere ein und zähmten sie. Sie bestellten ihre Felder und bildeten Gemeinschaften, die in ihrer sozialen Struktur über das Gefüge einer » jagenden Meute « weit hinausgingen.

Zwar spielte noch viele Jahrhunderte lang die Jagd als Nahrungsmittelergänzung eine gewisse Rolle, doch trat in zunehmendem Maße der paramilitärische Aspekt der Ertüchtigung in den Vordergrund: je wehrhafter das Wild, umso größer die Herausforderung, umso größer aber auch der Ruhm bei den Waffengefährten und bei der holden Weiblichkeit.

Jagdmethoden kamen und gingen, beeinflußt vor allem von der Weiterentwicklung der Waffen und auch von modischen oder philosophischen Strömungen: Galt zur Ritterzeit des Mittelalters die Beizjagd mit Greifvögeln als höchste Kunst, so wurde später die Parforcejagd zu Pferde auf den Hirsch als letzter Chic gepriesen, wobei die Teilnahme an der Jagd, die Verfolgung und Tötung des Tieres und die Behandlung der Beute strengen Regeln unterworfen waren.

Im 17. und 18. Jahrhundert geriet die Jagd mehr und mehr in das Fahrwasser absolutistischer Machtdemonstration und üppiger höfischer Bankette. In ganz Europa unterhielten die Monarchen und

ihre vielen Epigonen Jagdhäuser, die häufig Palästen gleichkamen. Das Wesen der Jagd wandelte sich:

Die hohen Herren ließen sich in sogenannten eingestellten Jagden das vorher von ihrer Jägerei eingefangene Wild zutreiben und massakrierten es unter den Augen der applaudierenden Hofdamen. Eine Perversion des Jagens aus heutiger Sicht.

Dem Wandel der Zeiten unterworfen waren auch die rechtlichen Grundlagen des Waidwerkes. In germanischer Zeit war die Jagd das Recht jedes freien Mannes. Im Mittelalter (10. Jh.) wurde das Jagen Privilegium, d.h. Vorrecht der herrschenden Stände, insbesondere des hohen Adels (übrigens auch der hohen Geistlichen, wie Bischöfe und Äbte!).

Begriffe wie » Hochwild « (den hohen Herren vorbehalten) und » Niederwild « (für den niederen Landadel) sind dort entstanden und haben sich bis heute erhalten.

Die Bauern hatten damals die Bürde der Jagdleidenschaft ihrer Obrigkeit zu tragen. Freien wie leibeigenen Bauern war es bei Todesstrafe verboten, sich Jagdrechte der Herren anzumaßen. Sie mußten ohnmächtig mit ansehen, wie Hirsche und Wildschweine die Felder verwüsteten und häufig die ohnehin karge Lebensgrundlage noch weiter schmälerten.

Der Hofmann (Bauer), der dem Hochwild auf dem Feld begegnet, soll seinen Kagel (Hut) davor abtun, unserem gnädigen Herrn zu Ehren. (Württembergische Jagdordnung von 1556)

Das Volk (die Bauern machten anteilmäßig 70 % der Bevölkerung aus) verzieh es den Herren nie, daß es den Fürsten die Hirsche dickfüttern mußte, ihm selbst aber eine der wenigen Quellen für frisches Fleisch verweigert wurde. Die drakonischen Strafen, die auf Wilderei standen (bis hin zur Verstümmlung und Todesstrafe), haben ursächlich mit zu den Aufständen und Bauernkriegen beigetragen. Bis in unsere Tage hinein blieb, in dunkler Erinnerung an dieses Unrecht, die Sympathie für die » Wildschützen « wach, die aus schierer Not dem Wild nachstellten und damit gleichzeitig dem Fürsten und seiner Hofjägerei eins auszuwischen vermochten.

So ist es nicht verwunderlich, daß die Geburtsstunde der » modernen Jagd « im Revolutionsjahr 1848 schlug. » *Bei jeder Revolution war es immer das erste, daß das Volk über die Einfriedungen der Gehege sprang oder sie niederriß und im Namen der sozialen Gerechtigkeit den Hasen, das Rebhuhn und Reh verfolgte.* « *(Ortega y Gasset).*

Seitdem gilt, » daß allein im Grundeigentum die Berechtigung zur Jagd auf eigenem Grund und Boden liege «. (§ 37 der » Grundrechte des deutschen Volkes «).

Unmittelbare Folge dieser zweifelsohne verständlichen und im Kern richtigen Entscheidung war erst einmal, daß die einst überhegten Jagdgründe bald leergeschossen und -gefangen waren. Bis zum Anfang unseres Jahrhunderts blieb Wild in unseren Gefilden rar.

Erst allmählich setzte sich in einigen Ländern des Deutschen Reiches der Hegegedanke durch, z. B. durch Festsetzung von Mindestgrößen für die Reviere. Der Durchbruch des Gedankens der Hege und der Waidgerechtigkeit kam aber erst 1934 mit dem Reichsjagdgesetz. Obwohl inhaltlich lange vorher entworfen und in den Leitlinien konzipiert, steht dieses nach wie vor auf diesem Gebiet umfassendste, fortschrittlichste und effektivste Gesetzeswerk (um das uns seitdem viele Länder beneiden!) im Ruf, ein » Nazi-Gesetz « zu sein.

Es kann nicht geleugnet werden, daß ein zum » Reichsjägermeister « avancierter gewisser Hermann Göring es war, der per Dekret die Jagd neu organisierte. Doch schmückte er sich dabei mit fremden Federn. Unter Fachleuten ist im übrigen unstrittig, daß mit diesem Gesetz richtige Wege gewiesen wurden: Grund und Boden blieben Voraussetzung für das Jagdrecht, doch Jagdrecht und Jagdausübungsrecht sind nicht identisch. Nur ein staatlich geprüfter Jäger kann das Jagdausübungsrecht von einer Jagdgenossenschaft der Grundeigentümer pachten. Die jagdbaren Tiere, das Wild, wurde in eine Liste aufgenommen, Jagd- und Schonzeiten verbindlich festgelegt. Der Begriff der Waidgerechtigkeit wurde eingeführt, gleichzeitig die Pflicht zur Hege.

Disziplin im Großen, Kleinen, Selbstbezwingung macht den Mann.
Vornehm waidwerkt, will mir scheinen, nur, wer sich beherrschen kann.
Josefine Moos

Wildbret nach dem Kalender und statistische Zahlen

Wer aus einem Jägerhaushalt kommt oder öfter in einem solchen verkehrt, darf weiterblättern.

Die folgende Übersicht ist für Nichtjäger bestimmt und soll sie über die Schußzeiten der wichtigsten Wildarten orientieren. Man kann zum Osterfest keinen jüngst geschossenen Hasenbraten auf den Tisch des Hauses bringen und zu Pfingsten seine Gäste nicht mit frischen Fasan-Brüstchen beglücken - was nicht ausschließt, daß es trotzdem ein Wildgericht gibt: die moderne Lagerung in der Gefriertruhe macht's möglich.

Aber es geht nichts über frisches bzw. gerade gut abgehangenes Wildbret, und dafür braucht man eben den Blick auf den Kalender. Frisches Wildbret fällt hauptsächlich in der kühlen bzw. kalten Jahreszeit an, also im Herbst und Winter.

Rehwild:
Jagdzeit : 16. Mai - 31. Jan.
Paarungszeit : Juli/August
Wildbestand : 1.700.000 Stk.
Strecke : 757.157 Stk.
Wert : 108.273.500,- DM

Muffelwild:
Jagdzeit : 1. Aug. - 31. Jan.
Paarungszeit : Oktober/November
Wildbestand : 7.000 Stk.
Strecke : 2.046 Stk.
Wert : 368.300,- DM

Wildenten:
Jagdzeit : 1. Sept. - 15.Jan
Paarungszeit : März/April
Wildbestand : 500.000 Stk.
Strecke : 625.013 Stk.
Wert : 4.375.100,- DM

Hasen:
Jagdzeit : 1. Okt. - 15. Jan.
Paarungszeit : Feb. - Sept.
Wildbestand : 800.000 Stk.
Strecke : 619.929 Stk.
Wert : 13.638.400,- DM

Wildkaninchen:
Jagdzeit : ganzjährig,
haupts. Sept. - Feb.
Paarungszeit : Febr. - Sept.
Wildbestand : 250.000 Stk.
Strecke : 689.775 Stk.
Wert : 2.069.300,- DM

Anmerkung: Die Zahlen für den Ausgangswildbestand sind Schätzungen und beziehen sich auf das Gebiet der alten Bundesländer. Stichtag: 1. April 1989, d.h. die gesamte Nachkommenschaft des betreffenden Jahres ist hier noch *nicht* enthalten. Die Zahlen für die Strecken beziehen sich auf das Jagdjahr 1989/90 und gelten ebenfalls für das Gebiet der alten Bundesländer. Bei der Angabe des Wertes dieser Strecke sind Durchschnittsgewichte der einzelnen Wildart zugrunde gelegt worden.
Alle Angaben aus DJV-Handbuch 1991.

Wildbret nach dem Kalender und statistische Zahlen

Es ist die » Erntezeit « im Revier, wenn der Zuwachs bei den nutzbaren Wildarten abgeschöpft wird. Die kühle Witterung garantiert schnelles Auskühlen und verhindert ein Verhitzen.

Nach dem Bundesjagdgesetz und dem Landesjagdgesetz für Niedersachsen dürfen unsere heimischen Wildarten nur zu den unten angegebenen Zeiten bejagt werden. Dabei wird beim Schalenwild (Rot-, Dam-, Muffel-, Reh- und Schwarzwild) in dieser Auflistung kein Unterschied zwischen den Jagdzeiten auf männliches und weibliches Wild gemacht, sondern die Gesamtjagdzeit auf beide Geschlechter genannt. Außerdem ist die Paarungszeit der jeweiligen Wildart aufgeführt: Die männlichen Tiere können, wenn sie in dieser Zeit erlegt werden, einen strengeren Geruch aufweisen (beizen!).

Damwild:
Jagdzeit : 1. Aug. - 31. Jan.
Paarungszeit : Okt./Nov.
Wildbestand : 32.000 Stk.
Strecke : 13.960 Stk.
Wert : 5.863.200,- DM

Rotwild:
Jagdzeit : 1. Aug. - 31. Jan.
Paarungszeit : Sept./Okt.
Wildbestand : 85.000 Stk.
Strecke : 29.726 Stk.
Wert : 19.321.900,- DM

Rebhühner:
Jagdzeit : 1. Sept. - 30 Nov.
Paarungszeit : März/April
Wildbestand : 100.000 Stk.
Strecke : 31.239 Stk.
Wert : 468.600,- DM

Schwarzwild (Wildschweine)
Jagdzeit : ganzjährig,
haupts. 16. Juni - 31. Jan.
Paarungszeit : Nov./Dez.
Wildbestand : 70.000 Stk.
Strecke : 89.023 Stk.
Wert : 44.511.500,- DM

Wildtauben:
Jagdzeit : 16. Juli - 30. April
Paarungszeit : März - Juli
Wildbestand : 600.000 Stk.
Strecke : 644.365 Stk.
Wert : 1.933.100,- DM

Fasanen:
Jagdzeit : 1. Okt. - 15. Jan.
Paarungszeit : März - Juni
Wildbestand : 200.000 Stk.
Strecke : 449.509 Stk.
Wert : 6.742.600,- DM

Stilblüten aus der Jägerprüfung

Fach »Jagdbare Tiere«

Was versteht man unter Gewölle?
- Was die Eulen wieder ausstoßen; das sind bei der Maus das Fell und die darin eingewickelten Knochen
- Erbrochenes

Welchen Nutzen verursacht das Schwarzwild?
- Es liefert schmackhaftes Wildbret

Welche Tierarten sind in alten, weit verzweigten Fuchsbauen neben dem Fuchs zu finden?
- Milben, Läusen, Flöhe

Nennen Sie die verschiedenen Altersstufen beim männlichen Schwarzwild!
- Frischling, Überlaufkeiler, Hauptbasse, Panzerschwein

Woran erkennt man, daß ein Dachsbau befahren ist?
- Es rampelt und töllpt nicht selten im Bau

In welchen Monaten wölft die Dachsfähe?
- Im Oktober; sie nimmt die Jungen gleich mit in den Winterschlaf

Was versteht man unter Reihzeit?
- Locken des Fuchses mit der Hasenklage, man reihzt ihn. Man reihzt ihn auch durch Zustehen

Wann fehlt bei der Ringeltaube der weiße Halsfleck?
- Wenn sie gerupft ist

Was bezeichnet man bei der Rotwildfährte als Schrank?
- Wenn der Hirsch durch den Bauch seitlich tritt
- Schrank nennt man das Gebäude (Körper) des Hirsches; hat er einen starken Körper, dann sagt man: »Das ist aber ein Schrank«

Was versteht man genau unter dem Stroh'schen Zeichen?
- Pickel an der Vorderpfote des Hasen
- Eine Knochenversenkung an den Hinterläufen des Hasen
- Verknoten der Beine
- Das Schränken des Hirsches. Je mehr er schränkt, desto älter ist er. (Entdeckung durch Stroh, deswegen Stroh'sches Zeichen)

Jägerprüfungen setzen einen großen Wissensumfang voraus. So bleibt es nicht aus, daß selbst gut ausgebildeten noch Fehler in ihren Prüfungsarbeiten unterlaufen, oder daß durch die Aufregung in der Prüfungssituation sprachlich nicht das herauskommt, was eigentlich gemeint war. Hier lesen Sie Kostproben aus schriftlichen Prüfungen. Meist sind die Pointen ungewollt - aber immer können Eingeweihte, gelegentlich auch Außenstehende, darüber schmunzeln, manchmal auch herzhaft lachen.

Betrachten wir Wildbret als Nahrungsmittel aus ernährungswissenschaftlicher Sicht, erfüllt sich das, was Ernährungswissenschaftler immer wieder fordern, nämlich Schlachtvieh nicht mit künstlicher oder chemisch behandelter Nahrung zu füttern. Bei Wildbret regelt sich das ganz selbstverständlich.

Rehe zum Beispiel sind hinsichtlich der Nahrung sehr wählerisch und suchen unter Kräutern und Gräsern gezielt nach besonderen Leckerbissen (Äsungsselektierer). Wild meidet instinktiv unbekömmliche Nahrung, ja es bedient sich regelrecht einer Kräuterapotheke.

Wildtiere fressen nur, was ihnen schmeckt. Außerdem geht das Wild weitgehend noch einem natürlichen Lebensrhythmus nach: Äsungszeiten wechseln mehrmals täglich mit Ruhe- und Wiederkäuzeiten ab, dazwischen ist das Wild regelmäßig in Bewegung. Anders als das bewußt bewegungsarm gehaltene Mastvieh entwikkelt und benutzt es eine gut ausgebildete Muskulatur. Deshalb ist Wildbret fettarm (und dadurch auch kalorienarm), aber eiweißreich. Es ist besonders bekömmlich und schmackhaft, gerade auch, weil es naturbelassen ist.

Fettarmut und leichte Bekömmlichkeit machen es besonders geeignet als Krankenkost und zur Durchführung einer Diät.

Wildgerichte sind heute nicht mehr ein Vorrecht reicher Schlemmer oder der sogenannten Herrschaftsküche. Jeder kann sich heute einen Wildbraten leisten, und das Angebot an Wildbret ist das ganze Jahr hindurch dank moderner Konservierungsmethoden äußerst reichhaltig.
Zu unterscheiden ist dabei grundsätzlich nach der Herkunft. Wir bekommen ausländisches, importiertes Wildbret und einheimisches. Ersterem begegnet man überwiegend, wenn man sich der Bezugsquelle Einzelhandelsgeschäft bedient. Viele Kunden, die aus der Tiefkühltruhe kaufen, wissen nur nicht, daß es sich dabei um Wildbret aus osteuropäischen Jagden (Polen, Ungarn, CSFR, Rumänien, etc.) handelt oder daß es gar Wild aus Übersee (Neuseeland, Argentinien) ist. Es wird dort oft in farmähnlichen Großgattern gehalten, genauso wie das übrigens mit Rotwild aus Schottland und den halbzahmen Rentieren aus Norwegen der Fall ist, deren Wildbret hier ebenfalls angeboten wird. Nun ist gegen einen Einkauf solchen Wildbrets sicher nichts einzuwenden, schließlich wird es bei der Einfuhr veterinärmedizinisch (fleischbeschaulich) kontrolliert, aber viele Verbraucher schätzen zu Recht heimische Produkte genauso hoch oder höher ein. Frisches Fleisch schmeckt nun einmal besser, und diese Gütequaltität erhält man nur, wenn man Wild direkt beim Jäger einkauft. Ein Verzeichnis von Bezugsquellen für heimisches Wild finden Sie am Schluß dieses Buches.

Die Jäger vor Ort liefern frisches wie auch fachgerecht abgehangenes Wildbret, in der Regel als ganzes Stück, auf Wunsch auch ohne Decke, Schwarte, Balg oder Federn und, falls noch weitergehend gewünscht, auch zerwirkt (zerteilt) in Portionsstücke. Bitte haben Sie Verständnis dafür, daß dieser Mehraufwand in Rechnung gestellt wird: für das Aus-der-Decke-Schlagen und Zerwirken eines Stückes Rehwild inklusive aller Aufräumarbeiten benötigt auch ein geübter Waidmann eine knappe Stunde Arbeitszeit.

Grundsätzlich wird das Gewicht eines Stückes Schalenwild (Hirsch, Muffel, Reh, Wildschwein) immer » aufgebrochen « (d.h.

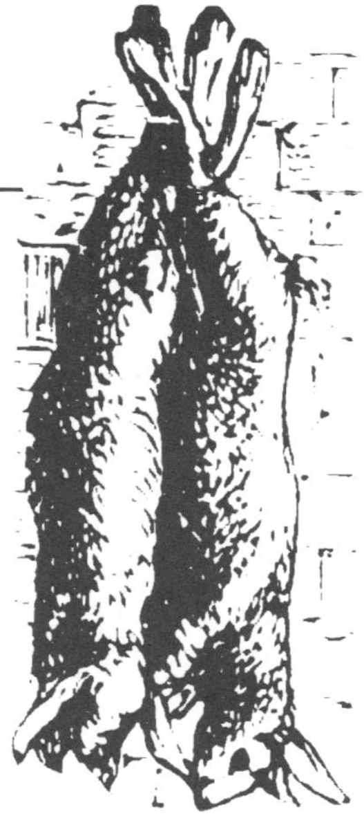

ohne Eingeweide) angegeben; mitgewogen werden dabei auch das Fell und die Beine, bei weiblichen Tieren auch der Kopf. Der vereinbarte Kilopreis bezieht sich auf dieses Gewicht; je nach Wildart und Alter des Stückes kostet das Kilo zwischen 8 und 13 DM. Selbst wenn man nun die nicht verwertbaren Teile (ca. 20%) umrechnet, ist es immer noch günstiger ein ganzes Tier beim Jäger zu kaufen. Im Feinkosthandel kosten zum Beispiel edle Teile vom Rehwild wie Keule und Rücken zwischen 40 und 60 DM pro Kilogramm. Verständlich, denn der Fachhandel hat zur Veredlung Hand anlegen müssen und will schließlich auch an diesen Teilen verdienen, denn andere Teile wie Rippen, Bauch- oder Halsstücke sind kaum oder nur als Gulasch zu verkaufen.

Im alten Bundesgebiet werden jährlich rund 36.000 t Wildbret verzehrt, nur knapp 50% dieses Bedarfs kann davon aus heimatlichen Revieren befriedigt werden. Das Angebot an heimischem Wildbret ist begrenzt und daher im Fachhandel teuer. Sichern Sie sich deshalb Ihre eigene, ganz persönliche Bezugsquelle bei einem Jäger in Ihrer Nachbarschaft!

Wir Jäger im Landkreis Schaumburg verpflichten uns, nur Wildbret abzugeben, das einwandfrei ist und den Vorschriften des Fleischhygienegesetzes entspricht.

In ihm hat der Gesetzgeber klare Vorschriften für die Kontrolle und Behandlung von erlegtem Haarwild vorgegeben. Es ist sicher einer langjährigen Geschäftsbeziehung dienlich, wenn über eine evtl. Wertminderung, wie schlechter Sitz des Schusses, zerschossenes Wild, höheres Alter des erlegten Stückes oder Erlegung in der Fortpflanzungszeit der betreffenden Wildart, offen geredet und kulant abgerechnet wird.

Die Hinweise zur Altersbestimmung bei der Vorstellung der einzelnen Wildarten in diesem Buch sind ebenfalls in diesem Sinne gedacht: Informationen, die den Käufer vor Übervorteilung schützen, aber auch dem Verkäufer zur objektiven Einschätzung seiner Ware verhelfen sollen.

Noch ein Wort zum sog. » haut gout « (franz. » großer Geschmack «). Darunter verstand man früher, in einer Zeit, in der es noch keine modernen Garmethoden gab, eine extreme Form des Mürbe-werden-Lassens. Erkennbar war der » haut gout « am starken Geruch. Heute wissen wir, daß der sog. » haut gout « eine absolute Geschmacksverirrung in früherer Zeit war. Der starke Geruch wird in erster Linie durch die Entwicklung von Schwefelwasserstoff ver-

ursacht, also durch das gleiche Gas, das uns bei einem faulen Ei veranlaßt, es sofort wegzuwerfen. Solches schon zu stark in » Mortifikation «, das heißt in einem beginnenden Verwesungsprozeß befindliche Wildbret, ist keineswegs mehr appetitlich oder ansehnlich. Man hat inzwischen auch festgestellt, daß derartiges Wildbret in keiner Weise verdaulicher ist als frisches, sondern daß in ihm im Gegenteil eine Menge von Giftstoffen (» Leichengiften «) enthalten sind, die durchaus schädlich, sogar gesundheitsgefährdend sein können.

Weg also mit dem » haut gout « auf den Luderplatz! Leider dürfte diese unselige Mär in der Vergangenheit bereits viele potentielle Freunde eines guten Wildbretgerichts vergrault haben.

Wenn frisches Wildbret gegart wird, hat das Fleisch ein mildes, nicht ausgeprägtes Aroma. Läßt man es jedoch einige Tage an einem kühlen Platz abhängen, setzen fleischeigene Enzyme einen chemischen Prozeß in Gang, durch den das Fleisch zarter wird und auch erst voll den charakteristischen Wildgeschmack entwickelt. Man muß infolgedessen gerade den richtigen Zeitpunkt des guten Abgelagertseins treffen: nicht zu früh, aber vor allem nicht bis zum » haut gout « warten.

Haarwild sollte grundsätzlich etwas abhängen. Hase und Wildkaninchen unausgeworfen, also noch mit allen Innereien, und im Balg. Aufgebrochen (ohne Innereien) und noch in der Decke/ Schwarte hängt man das Schalenwild ab.

Der Platz, an dem man Wild abhängen läßt, muß nicht nur kühl und trocken, sondern vor allem auch luftig sowie frei von Fliegen und anderen Insekten sein. Eine Vorratskammer, ein Kellerraum oder ein durch Fliegengitter geschützter Schuppen sind gut geeignet. Ein leichter Luftzug durch den Raum ist wichtig und günstig.

Die Temperatur sollte zwischen 2° und 7°C betragen (d.h. im Sommer ist u. U. ein Kühlraum erforderlich). Wichtig ist, daß das Wild frei hängt und die Luft rundherum zirkulieren kann. Wenn ein Teil des Tieres einen anderen berührt oder gegen eine Wand gedrückt wird, fault das Fleisch (wässrige Konsistenz, manchmal Grünfärbung, stechend-süßlicher Geruch) und wird ungenießbar.

Haarwild kann, so aufgehängt, mehrere Tage bis zu drei Wochen abhängen.

Federwild - mit Gefieder und Innereien - läßt man einen bis sieben Tage abhängen.

In feuchter und wärmerer Umgebung verläuft der Reifeprozeß schneller und weniger gut, die Dauer des Abhängens sollte deutlich verkürzt werden.

Hinweise zum » Fell abziehen « oder Rupfen würden den Rahmen sprengen. Falls Sie die Arbeitsgänge nicht selbst beherrschen, sollten Sie sich diese von einem Jäger abnehmen lassen.

Nachdem das Fell (die Decke oder Schwarte) entfernt worden ist, löst man zuerst die beiden (Hinter-) Keulen durch kreisförmige Schnitte aus, danach durch flache, kreisförmige Schnitte entlang der Rippen auch die Vorderkeulen oder Blätter. Anschließend durchtrennt man mit einer Säge oder auch mit einer Aufbrechzange die Rippen etwa 10 cm beiderseits vom Rückgrat. Ebenfalls schneidet man die Bauchlappen als Kochwildbret weg.

Danach wird das Rückgrat in Halsstück, Vorder-, Mittel- und Hinterziemer oder -rücken geteilt. Bei dieser Gelegenheit wird die Ein- und Ausschußstelle gründlich weggeschnitten, insbesondere Blutergüsse sind weiträumig zu entfernen.

Rehleber ist fein zum Laben,
doch mußt du erst den Rehbock haben.

Konservieren

Wenn während der Hauptjagdperiode viel Wild anfällt, jedenfalls mehr, als sofort verarbeitet oder vermarktet werden kann, ist es notwendig, dasselbe zu konservieren. Dazu eignen sich mehrere Methoden: Einfrieren, Pökeln, Räuchern.

Angesichts der modernen Küchentechnik ist Einfrieren die weitaus verbreitetste Konservierung.

Zwar werden davon das Aroma und auch die Struktur des Fleisches leicht beeinträchtigt, dennoch ist das Tiefkühlen eine sichere Methode, um Fleisch haltbar zu machen.

Vor dem Einfrieren muß das Wild garfertig gemacht sein, d.h. gerupft bzw. abgezogen, ausgenommen und in bratfertige Portionen aufgeteilt, möglichst sollten aus Platzspargründen auch die Knochen ausgelöst worden sein.

Auf den Gefrierbeuteln sollte ein Etikett mit Angaben über die Art des Fleisches und das Einfrierdatum vorhanden sein.

Wildgeflügel hält sich ohne Beeinträchtigung von Aroma und Struktur des Fleisches sechs bis neun Monate, Wildbret von Haarwild (Hase, Kaninchen, Reh, Hirsch, Wildschwein) kann man etwa sechs Monate aufbewahren.

Nach dem Auftauen sollte Wildfleisch sofort verarbeitet werden. Auftauzeit: pro 1 cm Höhe - 1 Std. Auftauzeit. In diesem Zusammenhang ein Tip: Der für viele oft schwierige, aber notwendige Arbeitsgang des Häutens läßt sich besonders gut zu dem Zeitpunkt ausführen, wo das Wildbret etwas angetaut ist; das Messer kann beim Unter-der-Haut-Führen kaum tiefer gehen und wertvolles Muskelfleisch zerstören.

Zum Vorbereiten des Wildbrets

Alles Wildbret muß sorgfältig von Haut (oft sitzen mehrere Häute übereinander) und Sehnen befreit werden. Außerdem sollte möglichst alles körpereigene Fett entfernt werden, da es dem Braten, besonders dem Hirsch-, Reh- und Wildschweinbraten von älteren Tieren, einen nicht erwünschten Beigeschmack geben kann.

Das für das Garen notwendige Fett - ohne dies würde das Wildbret leicht austrocknen - muß zugesetzt werden, vorwiegend in Form von Speckscheiben oder -streifen. Damit sollte man nicht sparen. Wild verlangt nach reichlich Fettzusatz (wichtig: vor der Zubereitung der Sauce das Fett wieder weitgehend abschöpfen!).

Ein Tip zur Verwendung einer Spicknadel: Speck in möglichst lange Streifen schneiden, in den Kühlschrank legen, damit er schön steif ist und grundsätzlich in Faserrichtung spicken. Wenn man quer zur Faserrichtung spickt, fallen die Streifen beim Bratenaufschneiden nachher heraus.

Zum Pökeln

Dieses Konservierungsverfahren ist besonders für schwere Rotwild- und Wildschweinkeulen geeignet.

Naßpökelung: auf 5 kg Wildbret in 1,5 Liter Wasser, 200 g Salz, 3 g Salpeter und 10 g Kandiszucker lösen und alsdann über das in einem Topf befindliche Wildbret gießen. Die Lake muß alles gut überdecken.

Trockenpökelung: Mit erhitztem Salz stark abreiben und 24 - 36 Stunden liegenlassen, anschließend räuchern.

Zum Räuchern: Behandlung wie Schweineschinken.

Zum Beizen

Wildfleischbraten gewinnen noch einmal an Zartheit, wenn sie vor der Zubereitung in eine Beize / Marinade gelegt werden. Heute wird eigentlich nur noch das Wildbret alter Tiere so vorbehandelt, denn durch das Beizen oder Marinieren wird der Braten trockener und verliert an Aroma und auch an Nährwert.

Je schärfer die Beize, desto rascher wirkt sie. Heute werden überwiegend die milderen Buttermilchbeizen verwendet. Fleisch von jungen Tieren wird gar nicht gebeizt.

1. Grillen oder Kurzbraten

Für diese Garmethode eignet sich nur junges Wild. Ideal sind Stücke von Kaninchen und Hase, besonders zarte Stücke von Hirsch und Reh wie Lendenkoteletts oder Scheiben vom oberen Teil der Keule sowie Flugwild (Rebhühner, Fasanenbrust).

Das Fleisch wird zuerst starker Hitze ausgesetzt (angebraten), damit es außen braun wird; dickere Stücke müssen bei reduzierter Hitze weitergegart werden. Vor dem Grillen wird das Fleisch mit Olivenöl und aromatisierenden Zutaten mariniert und während des Garens des öfteren damit bestrichen, damit es nicht austrocknet.

2. Braten bei hohen Temperaturen

Zum Braten eignen sich alle Arten von Wild - kleines Wildgeflügel ebenso wie ganze Hirschkeulen. Damit das Fleisch nicht austrocknet, sollte es gespickt werden.

Als Bratzeiten können folgende Richtwerte gegeben werden: Kleines Wildgeflügel wie Rebhuhn und Taube brauchen 10 Minuten. Fasan etwa 25 Minuten. Größere Braten von Reh- und Rotwild werden in zwei Stufen gebraten: zuerst brät man sie bei starker Hitze an und läßt sie dann bei niedrigerer Temperatur gar werden; pro 500 g rechnet man etwa 8 - 10 Minuten Bratzeit. Dazu kommen 10 Minuten bei 220°C zum Anbraten. Bei 180°C wird der Braten gegart.

Eine interessante Alternative zum herkömmlichen Bratvorgang im gußeisernen Bräter bieten die seit einiger Zeit im Handel angebotenen Bratfolien oder -schläuche. Durch Zusatz von etwas Wasser sowie Zwiebeln, Gemüsen und Gewürzen bleibt das Fleisch saftig und wird sehr mürbe und zart, und auch eine schmackhafte Kruste läßt sich erzielen, wenn der aus der Folie entnommene Braten noch einmal kurz bei großer Hitze in den Backofen geschoben wird.

Den Mann lernt man kennen im Spiele,
in der Buhlschaft und auf der Jagd.

Martin Luther

3. Garziehen oder simmern

Beim Garziehen wird das Fleisch in einer Flüssigkeit knapp unter dem Siedepunkt gegart. Zartes Fleisch wird auf diese Weise schnell gar, und selbst zähere Stücke werden weich und saftig. Daher ist die Methode für das Fleisch von jungen und alten Tieren gleichermaßen geeignet. Als Garflüssigkeit verwendet man Wasser, Brühe, Wein, Fruchtsaft oder eine Mischung dieser Zutaten, meist wird sie noch mit aromatischen Gemüsen gewürzt. So entsteht eine gehaltvolle Brühe. Der Topf, in dem gegart wird, sollte nur so groß sein, daß unsere Portion Wildbret gerade noch hineinpaßt und schon eine relativ geringe Flüssigkeitsmenge ausreicht, um es zu bedekken.

Junges Wildgeflügel braucht etwa 40 Minuten, bis es weich ist; für ältere Vögel ist fast die doppelte Garzeit notwendig.

4. Schmoren

Fleisch wird wunderbar zart, wenn man es zusammen mit aromatischen Zutaten in sehr wenig Flüssigkeit im geschlossenen Topf simmern läßt - eine Methode, die als Schmoren bekannt ist.

Diese Garmethode ist für älteres Wild, insbesondere Wildgeflügel, sehr gut geeignet.

Wild, das für ein Schmorgericht verwendet werden soll, kann in Teilstücke zerlegt oder in kleine Stücke geschnitten werden. Es ist aber auch ohne weiteres möglich, einen ganzen Hasen, ein gefülltes Kaninchen oder eine Ente zuzubereiten. Als Schmorflüssigkeit wird meist Wein oder eine kräftige, gelantinehaltige Brühe verwendet, für ein gehaltvolles Gericht wird Sahne verwendet. Zuvor brät man es kurz in Öl oder Butter an. Auf diese Weise werden die Fleischporen versiegelt. Nach dem Ablöschen mit Wein gibt man die Schmorflüssigkeit zum schön braun angebratenen Fleisch.

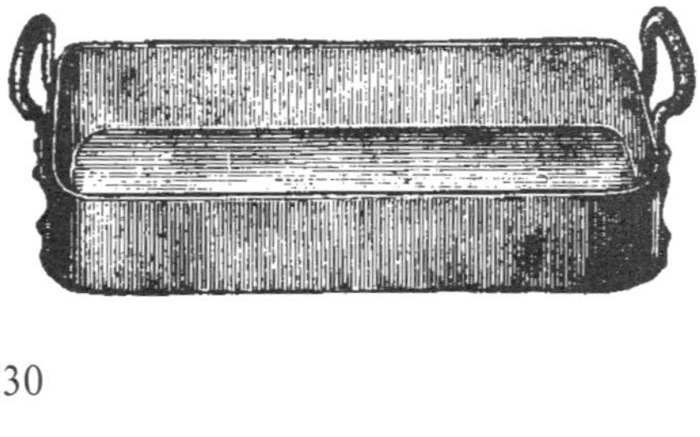

Ein klassisches Schmorgericht ist Hasenpfeffer.

Waidmannsheil

Konrad Dreher, 1906

Hat Vergnügen man auf Erden,
immer kommt der Jammer druff,
jede Freude bringt Beschwerden,
Liebe, Spielen, Fraß und Suff.-
Fischen, Reiten, Bergbesteigen,
Gicht sehr oft und Beinbruch zeugen.
Nur die Jagd macht froh und munter
und die G'sunden noch gesunder.
Nebensächlich ist das Schießen,
willst du die Natur genießen,
und vergessen Sorg' und Schmerzen.
Drum genieße sie von Herzen
als ein echter Jägersmann,
dann kann dir kein Kummer an!

Augen auf !

Walter Hulverscheidt

Wenn man bedenkt, was so im allgemeinen
Und ganz besonders auf der Jagd passiert,
Da möcht' ich wetten - hundert gegen einen -
Da hat sich jeder schon mal schwer blamiert.

Und Hand aufs Herz, verehrte Waidgenossen,
Und mal ganz ehrlich unter uns gesagt:
Wer sagt, er hätt' noch nie vorbeigeschossen,
Der hat im Leben auch noch nicht gejagt!

Ich aber denke jetzt an and're Sachen
Aus meiner eig'nen Jugendzeit zurück.
Na ja - heut' kann man ja darüber lachen,
Bei allem war noch unverschämtes Glück.

Das war mit meinem ersten Keiler nämlich,
- Und die Geschichte ist auch längst verjährt -
Bloß - denk' ich daran zurück - das war zu dämlich,
Und schad't auch nichts, wenn man es heut' erfährt.

Das war nun so: Wir hatten Försterschießen
Und hatten auch die Damen mit dabei,
Dann gab es viele Zwölfen zu begießen,
Und hinterher war große Tanzerei.

Na - schließlich hat das Kahlwild sich gerudelt,
Auch die Musik schob ab nach Mitternacht,
Wir haben dann noch Schnäpse ausgetrudelt
Und Horrido und Hussassa gemacht.

Bloß einer trank dann später aus Versehen
Den Würfelbecher aus, - so gegen vier -
Da wollte ich dann auch nach Hause gehen
Und dusselte so langsam durchs Revier.

Na schön, - das ging ja denn auch noch ziemlich,
Bloß, daß der Weg so zickzackförmig war!
Nur eins, - das weiß ich noch - war eigentümlich,
Mal war es neblig und mal völlig klar.

Und wie ich so um eine Ecke schleiche,
Da denk' ich: Was ist das für'n dunkler Fleck!
Da steht da doch ein Keiler unter einer Eiche
Auf höchstens siebzig Gänge mitten auf dem Weg.

Ich wollt' zuerst nicht meinen Augen trauen
Und hab' mir selber an den Kopf gefaßt.
Denn für gewöhnlich gab's da keine Sauen!
Wir hatten aber damals Eichelmast.

Ich bringe nun die Büchse zentimeterweise
In Anschlag hoch - der Keiler rührt sich nicht -
Und hole mir das Korn am Himmel leise,
- Es war ja erst ganz schwaches Büchsenlicht! -

Und hab' ihm dann von oben sauber Maß genommen
- Man konnte eben erst die Kimme sehn -
Und - Peng!!! - und wirklich prima abgekommen,
- » Wuff « sagt' der Keiler, und bleibt ruhig stehn.

Augen auf !

Nun gibt es auf der Jagd ja tolle Sachen,
Man glaubt ja nicht, was alles da passiert!
Na ja - was wollt' ich schließlich and'res machen:
Ich habe also blitzschnell repetiert,

Und denke mir: Den wirst du doch noch kriegen,
Vielleicht wird's mal von unten besser gehen!
Und - Blatt gefaßt - und Peng!!! - und lasse fliegen,
- » Wuff « sagt' der Keiler - und bleibt ruhig stehen.

Zum Donnerwetter - das ist doch zuwider!
Ich denke doch bei jedem Schuß: Der liegt!
Und denk' doch immerzu: Jetzt bricht er nieder!
Doch der hat sicher einen Krampf gekriegt.

Da hatte ich erst neulich von gelesen.
Na - denn noch mal! - derselbe dumpfe Ton,
Und diesmal war ich mitten druff gewesen:
- » Wuff « sagt' der Keiler! - Na, Sie wissen schon!

Ich gehe ran - natürlich durchgeladen -
Da seh ich die Bescherung auf den ersten Blick.
Da war das gar kein Keiler - so ein Schaden -
Das war der Kontrabaß von uns'rer Tanzmusik.

Das hat mich damals aber doch verdammt verdrossen,
Ich muß schon sagen - ich war völlig platt!!
Nur eins war tröstlich: Wirklich gut geschossen!
Er hatte alle Kugeln » Mitte Blatt «.

Doch immerhin, da gab es nichts zu lachen,
Mir wurde sozusagen heiß und kalt!
Da habe ich gelernt, die Augen auf-zu-machen
Und richtig anzusprechen, eh' es knallt.

Das konnte auch natürlich dummer kommen,
Und mein Gewissen hat mich auch gequält!
Doch heute hab' ich's nun zu Nutz und Frommen
Bestimmt zum allererstenmal erzählt.

Ich wollte damit meine Beichte schließen,
Nur ein ganz Schlauer fragte mich voll List:
» Nun möcht' ich bloß zum Schluß noch gerne wissen,
Was aus dem Kontrabaß geworden ist. «

Wenn ihr es wollt, kann ich es ja noch sagen:
Auf einmal kommt mit Hussa und Gesang
Der ganze Jägertroß auf einem Leiterwagen
Mit » Hatz' den Watz « , » Husu « und Hörnerklang,

» Halli, hallo « den Weg entlang gehastet
Und fährt das Ding in Splitter, daß es staubt.
Da war ich - wie man heute sagt - entlastet!
Und schritt davon mit hoch erhob'nem Haupt.

Zwar wird schon seit geraumer Zeit mit Maßen und Gewichten in der Wildküche gearbeitet, die jedem Koch und jeder Köchin geläufig sein sollten, jedoch werden in der Realität Rezepte mit Maßeinheiten und Gewichtsbezeichnungen beschrieben und empfohlen, die aus unterschiedlichen Sprachräumen und Jahrhunderten kommen. Darüber hinaus findet sich in mancher Wildküche auch noch ein Rezept aus » Omas Kochbuch « mit kaum noch übertragbaren Maßeinheiten.

Um es den jüngeren Damen und den spätberufenen älteren Wildköchen beim Einkauf und bei der Zubereitung ihrer köstlichen Wildmenüs und beim Studium dieses Buches etwas zu erleichtern, folgen einige Tabellen mit den geläufigen und weniger bekannten Maßbezeichnungen und deren Bedeutung für den Kochtopf und die Pfanne.

Umrechnungstabelle von uralten in alte und neue Gewichte und Maße

Hohlmaße:
1 l = 7/8 Berliner Quart
Sächs. Kanne = 6/8 Berliner Quart
1 Anker = 38 l
1 Quart = 1 1/10 l
1 Quartier = 3/4 l
1 Nössel = 1/2 l
1 Neuscheffel ist 1/11 kleiner als der Alte
1 alte preußische Metze hält fast 3 1/2 l
1 1/2 preußische Metzen sind genau 5 l

Gewichte:
1 Pfd = 30 alte Lot = 50 Neulot = 500 g
3 alte Lot = 5 Neulot = 50 g

Hohlmaße:
1 hl = 2 Scheffel = 100 l
1 Scheffel = 50 l
1 l = 10 dl = 100 cl = 1000 ccm
1 dl = 0,1 l = 10 cl = 100 ccm

Zählmaße:
1 Schck. = 4 Mdl. = 60 Stck.
1 Mdl. = 15 Stck.
1 Grß. = 12 Dtz. = 144 Stck.
1 Dtz. = 12 Stck.

Gewichte:
1 Zt. = 50 kg = 100 Pfd.
1 kg = 2 Pfd.= 100 Neulot = 1000g
1 Pfd. = 50 Neulot = 500 g
1 Neulot = 10 g

Abkürzungen: Hektoliter = hl, Liter = l, Deziliter = dl, Zentiliter = cl
Kubikzentimeter = ccm, Schock = Schck., Mandel = Mdl.,
Groß = Grß.,Dutzend = Dtz., Stück = Stck., Zentner = Zt.,
Kilogramm = kg, Pfund = Pfd., Gramm = g

Praktische Hinweise für Maße und Gewichte

Falsch bemessene Portionen, ob bei Gewürzen oder Beigaben Ihres »Küchenzaubers«, machen sich stets, auch bei sehr höflichen und beherrschten Gästen, durch einen starren Gesichtsausdruck oder auch schmale Lippen bemerkbar.

Selbstverständlich erstrecken sich die Tabellen nur auf die Maße und Gewichte, die in der Schaumburger Küche gebraucht werden.

Da die gestreßte Hausfrau und der häufig überforderte Hobbykoch nicht immer die Zeit haben, jede Kleinigkeit beim Kochen abzuwiegen oder zu messen, folgen daher noch einige praktische Hinweise für die Bestimmung von Mengen anhand von stets vorhandenen Meßeinrichtungen wie: Löffel, Tasse, Eimer...

---

1 l ungefähr: 4 Wassergläser = 6-7 Tassen =
9-10 kleine Weingläser
1 Weinflasche (3/4 l) ungefähr: 7 kleine Weingläser

1 kleines Weinglas ungefähr: 100 ccm = 1 dl = 10 cl
= 5 Schnapsgläser = 10 Eßlöffel
1 großes Weinglas = 1/8 l = 125 ccm
1 Schnapsglas = 2 cl = 20 ccm = 2 gestrichene Eßlöffel
1 gestrichener Eßlöffel = 3 gestrichene Teelöffel

1 Suppenteller = 1/4 l
1 kleine Tasse = 1/8 l
1 Liter Flüssigkeit in der Küche wiegt ca. 1 Kilogramm

Beim Einkauf ist es darüber hinaus wichtig zu wissen, wieviel Fleisch, Gemüse, Getränken etc. für eine bestimmte Personenzahl benötigt wird. Zumal die in diesem Buch vorhandenen Rezeptvorschläge zwischen der Menuebeschreibung für 2 Personen bis zu beliebig vielen Essern schwanken. Selbstverständlich läßt sich die Menge an Speisen und Getränken niemals genau angeben, da der Anlaß, die Jahreszeit und die Zusammensetzung der Gästeschar über den Appetit und den Durst des einzelnen Gastes im Schaumburger Land deutlich mitentscheiden. Zum Beispiel weicht die Mengenberechnung an Speisen und Getränken, aber auch der Zeitansatz und die Lautstärke eines Schaumburger *Schüsseltreibens* von denen eines häuslichen Wildessens mit Gästen bisweilen erheblich ab. Darüber hinaus richtet sich die Menge stets danach, ob die Mahlzeit sich aus einem, mehreren oder vielen Gerichten zusammensetzt. Bei der Vorbereitung zu einer Gesellschaft sollte man darauf achten, ob mehr Herren oder Damen » zu Tisch sitzen «, da für Herren gewöhnlich ein » Mengenzuschlag « von 30% gerechnet werden sollte.

Im Schaumburger Land ist es nicht üblich, Speisen und Getränken zu knapp zu kalkulieren - weder bei gesellschaftlichen Veranstaltungen noch im Kreise der Familie.

Schüsseltreiben:
abendliches, geselliges Beisammensein von Jägern und Treibern nach einer Gesellschaftsjagd, bei dem Speise und Trank nicht zu kurz kommen.

WILDFLEISCHSUPPE
Für eine kräftige, wohlschmeckende Wildfleischsuppe sollten pro Person ca. 250 g Wildfleisch gerechnet werden. Verwenden Sie Fleischreste und Knochen zur Suppe, muß pro Person ein halber Teelöffel Fleischextrakt bzw. Suppenwürze zugesetzt werden.

HIRSCHBRATEN
Die Hirschkeule eines » Schaumburger Hirsches « reicht bei einfacher Speisefolge für 10 bis 12 Personen, bei einem aufwendigen Menue von vielen Gängen für 14 bis 16 Personen. Der Hirschrücken des besagten Tieres reicht im ersten Falle für 14 bis 16 Personen, im letzten für 20 bis 25 Personen.

WILDSCHWEINBRATEN
Bildet der Braten das Hauptgericht, so rechnet man etwa 300 g pro Esser; bei einem Menue von mehreren Gängen reichen auch im Schaumburger Land 200 g Fleisch pro Person.

REHBRATEN
Eine Rehkeule ist als » Hauptschüssel « ausreichend für 8 bis 10 Personen; sind schon mehrere Gänge vorausgegangen, so genügt sie für 12 bis 16 Personen. Ein Rehziemer ist hinreichend für 10 bis 12 Personen.

HASENBRATEN
Der Hase wird, je nach Größe, für 4 bis 6 Personen gerechnet.

WILDENTE
Eine Wildente reicht, unabhängig von den Flugstunden, für 2 Personen.

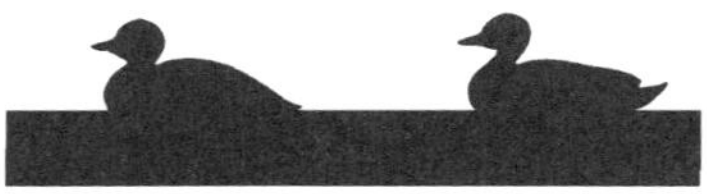

FASAN
Ein in der Wildbahn gestreckter Fasan reicht gerade noch für 4 Personen.

WILDKANINCHEN
Wenn die Beilagen stimmen, können 2 Personen von einem Kaninchen satt werden.

WILDTAUBE
Reicht man Tauben als einzigen Braten, sollten 2 Tiere für eine Person ausreichend sein. Ist der Taubenbraten aber nur ein Menueteil, genügt eine Taube pro Esser.

WILDGULASCH, WILDBOULETTEN, FRIKASSEE ETC.
Bei dieser Form des Wildgerichtes reichen 250 bis 300 g Fleisch pro Person.

Sauce

Die umfassende Kenntnis zur Herstellung einer kräftigen, delikaten Bratensauce ist für das Erreichen der » Hohen Schule « der Wildküche für jeden kochenden Nimrod, für jede kochende Diana, aber auch für jeden Hobbykoch der nichtjagenden Zunft zwingend erforderlich. Darum sei schon an dieser Stelle darauf hingewiesen, daß die Wertschätzung Ihres Schaumburger Wildgerichtes in erheblichem Umfang von der Qualität Ihrer Bratensauce abhängen wird.

Man wird Ihnen den zähen Hirschbraten nachsehen und auf das Alter des Tieres schimpfen, auch die mehligen Kartoffeln wird man noch mit der minderen Bodenklasse in Teilen Schaumburgs erklären, doch ist Ihnen die Bratensauce mißglückt, kennt auch der wohlerzogene Schaumburger Gast kein Pardon.

Für eine Person sollten Sie 100 ccm = 0,1 l = 10 dl Bratensauce berechnen, da in der heutigen Zeit und in diesen Breiten weniger Fleisch, dafür aber mehr Beilagen wie Spätzle, Klöße oder Kartoffeln mit viel Sauce verzehrt werden.

Um die erforderliche Menge an kräftiger, unverfälschter Bratensauce herstellen zu können, sollten Sie die Saucenzubereitung auf den folgenden Seiten beachten.

Gemüse

Beabsichtigen Sie zu einem Wildgericht Gemüse zu reichen, sollten Sie sich stets um frisches Gemüse bemühen.

Als Menge genügen pro Gast 200 bis 250 g (Spargel kann etwas reichlicher bemessen sein).

Des Wildes Minnezeit.

Von

Hubert aus dem Wald.

(Mit Zeichnungen von Karl Wagner.)

Das neue Jahr hat kaum begonnen,
Siehst Lampe Du auf weißem Feld,
Wie er an sonn'gen Wintertagen
Trotz Frost und Schnee schon Brautschau hält.

Reineke Foß im Hornung schnüret,
Wenn hell die Nacht und bitterkalt,
Voll heißen Drang's um Malepartus.
Ihn treibt der Liebe Allgewalt.

Der Eisstoß geht, im Strome steigen
Die Schollen krachend hoch zu Hauf;
Da sucht der Otter, weitum wandernd,
Mit scharfem Pfiff die Ott'rin auf.

Und all das kleine Raubgesindel,
Mauswiesel, Iltis, Hermelin.
Die beiden Marder jetzt sich geben
Dem Arterhaltungstriebe hin.

Im Märzen reihen sich die Enten,
Der Keilhak trillert, Kiebitz schreit,
Fasan und Rebhahn kämpfen, minnen —
Allüberall ist hohe Zeit.

Im Ostermonde streicht die Schnepfe,
Die Himmelsziege meckernd balzt.
Im Moos, am Schneefleck bei den Latschen
Der Schildhahn grugelnd, blasend falzt.

Die Maiennacht neigt sich dem Ende,
Der Mond erbleicht im Morgenlicht,
Still lauscht der Bergwald, traumerwachend,
Des Urhahn's leisem Balzgedicht.

Des Wildes Minnezeit.

Johanniswürmchen tragen irrend
Durch kurze Juninacht ihr Licht;
Nun tut gemessen, wie ihm ziemet,
Auch Grimbart seine Vaterpflicht.

Im Juli lösen Elternpflichten
Ernst ab des Lenzes Liebesspiel,
Nur Mümmelmann sorgt für Vermehrung,
Und Kunigl mehr Kinder will.

Wenn Hundstagshitze sengend siedet
Auf Wald und Feld, wie heißer Grog,
Treibt keuchend durch Getreid' und Schläge
Schmalreh und Geiß der rote Bock.

Die Sonne steht im Bild der Wage,
Bunt prangt der Wald, die Heide glüht,
Geschmückt zur Hochzeit ihres Königs,
Der heimlich durch die Dickung zieht.

Doch steigt verklärt der Reifmondmorgen
Aus düsterrotem Nebelduft,
Dröhnt tief aus dampfendheißem Äser
Des Brunfthirsch's Kampfschrei durch die Luft.

Ist der verklungen schon seit Wochen,
Tritt erst der Schaufler auf den Plan
Zum Rudel, dem ein üpp'ger Knieper
Nicht ungestraft mehr nahen kann.

Novembersturm pfeift kalt durch's Ödkar,
In tollem Treiben tanzt der Schnee,
Und toll durch's Knieholz sprengt der Bartgams
Die Brunftgeiß über Grat und Höh'.

Mag Wintertod das weiße Leilach
Auch werfen über's Angesicht
Der Erde, unser Schwarzwild hindert's
An Zeugung neuen Lebens nicht,
Wenn treu in schweren Winternöten
Der Weidmann schützt ein edles Wild,
Das von Beginn bis Schluß des Jahres
Als vogelfrei, verfemt sonst gilt.

Beizen bedeutet, ein Stück Wildfleisch - besonders das älterer Tiere - für den Genuß mürbe zu machen, einen besonderen Geschmack zu verleihen oder für kürzere oder längere Zeit zu konservieren. Darüber hinaus wird das Wildfleisch durch das Beizen oder Marinieren zarter und milder im Geschmack, deshalb wird bevorzugt Dam- und Rotwild, Wildschwein und großes Wildgeflügel gebeizt.

Um den feinen Geschmack eines Reh- oder Hasenrückens nicht zu zerstören, sollten er nicht mariniert werden.

BUTTERMILCHBEIZE

Die einfachste Art Wild zu beizen, ist das Einlegen des Fleisches in Buttermilch. Soll das Fleisch länger als 2 Tage konserviert oder im Geschmack beeinflußt werden, muß die Buttermilch erneuert werden.

ESSIG/WEINBEIZE (UNGEKOCHT)

Für 3 l Beize werden benötigt: 2 l trockener Weißwein, 1/2 l Weinessig, 1/4 l Öl, 150 g Möhren, 150 g Zwiebeln, 50 g Sellerie, 50 g Schalotten, 2 Knoblauchzehen, ein Bund Petersilie, 2 Zweige Thymian, 1 Lorbeerblatt, 6 Gewürznelken, 4 Wacholderbeeren.

»Trinken«, sagte der alte Oberförster, »tue ich eigentlich nur, wenn ich einen großen Kummer erlebe oder eine besondere Freude. Und dann nehme ich mir natürlich gern einen zur Brust, wenn ich einsam bin. Verständlicherweise trinke ich auch gern Alkohol, wenn Gäste kommen. Aber sonst rühre ich das Zeug nicht an. Es sei denn ich habe Durst«.

Das Gemüse in dünne Scheiben schneiden, die Hälfte auf dem Boden eines großen Steinguttopfes verteilen und das Fleisch darauf legen. Mit dem restlichen Gemüse und den Aromaten den leicht gesalzenen, zukünftigen Wildbraten bedecken, den Topf mit Wein und Essig auffüllen, das Fleisch mit Öl begießen und mit einem Tuch abdecken. Den Wildbraten nach 24 Stunden wenden.

Essig/Weinbeize (gekocht)

Die Zutaten sind die gleichen wie für die ungekochte Beize.Das Gemüse sollten Sie in ein wenig Öl anbraten, die Flüssigkeiten und die Gewürze hinzufügen und bei kleiner Flamme etwa 20 Minuten kochen. Die Beize erkalten lassen und über das Wildfleisch gießen.

Sollten Sie Rotwein bevorzugen, schadet das weder Ihrer Marinade noch Ihrem Wildbraten; Sie können aber mit einer stärkeren Geschmacksveränderung des Fleisches durch den Rotwein rechnen.

Trockenbeize

Wollen Sie mit geringerem Aufwand Ihren Wildbraten konservieren, » zermürben « oder geschmacksverändern, so legen Sie das oben genannte, in Scheiben geschnittene Gemüse und die Aromate auf ein ausreichend großes Leinentuch, bestreichen das Fleisch mit Öl, wickeln es in das Tuch ein und beträufeln dieses mit reichlich Essig. An einem kühlen Ort gelagert, hält sich das so konservierte Stück Wildfleisch knapp eine Woche.

Beize für besonders zartes Wildfleisch

Bei kleineren Fleischstücken wie Kotelettes, Medaillons oder Filets ist es angeraten, das Fleisch in einen Steintopf zu legen und etwa 1 Stunde vor der Zubereitung mit Olivenöl, Salz und Pfeffer zu marinieren.

Olive und Olivenzweig

Einem » gelungenen « Wildbraten muß der ursprüngliche Geschmack des Fleisches erhalten bleiben. Dieser wird bei der besonnenen Anwendung von Salz und Pfeffer nicht verändert, sondern eher verstärkt.

Saucen sind mit Bratensaft verflüssigte, geröstete Gewürze. Mit den Saucen beginnt die höhere und entwickelte Kochkunst. Ist die Sauce nicht gut geraten, so sind auch die übrigen Speisen ohne Bedeutung; auch in Schaumburg!

Wer eine Sauce vorbereitet, muß wissen, daß vor der Sauce der Bratenfond und vor diesem die Bratenjus stehen.

Jus

Beim Braten von Fleisch in der Bratröhre entstehen Bratensäfte, die aus dem Fleisch herausquellen und sich auf dem Boden der Bratpfanne absetzen. Es sind die Jus, die zum Würzen des Fleisches und aller anderen Wildbeilagen verwendet wurden. Wer über ausreichend Bratensaft verfügt, benötigt keine Sauce! Da das Rösten einer erlegten Wildsau am Spieß als Wildessen unter Freunden auch in Schaumburg inzwischen zu den Ausnahmen gehört und damit auch nicht immer ausreichend Bratensaft zur Verfügung steht, müssen wir uns mit der wertvollen und recht geringen Menge der Jus aus der Bratenpfanne eines Schaumburger Normalbratens für 4 - 6 Personen begnügen. Die Schaumburger Wildköchin, die gerne eine » traumhafte « Sauce zaubern will, muß höllisch aufpassen, daß ihr die kostbaren Bratensäfte nicht verbrennen. Sie muß sie rechtzeitig mit einer anderen Flüssigkeit verbinden, das heißt ablöschen!

Die Pfanne, in der der Wildbraten zubereitet wird, darf nicht zu groß sein, da die Jus bei zu großer Fläche schnell verdunsten und anbrennen. Im Gegensatz zur Sauce werden Bratensäfte weder entfettet noch geklärt! Der so gewonnene Bratensaft sollte mit einem Gemisch aus Wasser und Sherry abgelöscht, mit Vogelbeer- oder Johannisbeergelee vermischt, losgekocht und abgeschmeckt werden. Als » Löschmittel « sind aber auch Rot- und Weißweine, Fleischbrühe, Pilzfond, Bier oder Cognac geeignet.

Sie sollten keine Mühe scheuen und auf diesem Weg Ihre eigenen Geschmackspräferenzen herausfinden.

Der wertvolle Bratensatz sollte nicht mit Stärke gebunden werden, sondern mit dem sehr aromatischen Pfeilwurzmehl, das in allen Feinkostgeschäften zu haben ist.

Mit diesem gehaltvollen Wildbratensatz können Sie einige derbe Bratensaucen » retten « und viele Saucen erheblich verfeinern.

Fonds (Brühen)

Nur wer die Zubereitung von Fonds versteht, kocht perfekte Saucen! Sie sind die Basis guter Saucen.

Die Herstellung eines Wildfonds ist einfach, preiswert, aber recht zeitaufwendig. 2 kg gehackte Wildabfälle (Knochen, Fleisch, Sehnen, auch Parüren genannt) mit einem Eßlöffel Fett in der Bratröhre oder der Pfanne anbraten. 3 Zwiebeln, 2 Möhren, 1 Stück Sellerie, 1 Petersilienwurzel - grob geschnitten - hinzugeben, durchrösten, mit einem Schuß Weißwein ablöschen und in einen Topf geben. 1 Lorbeerblatt und 10 Wacholderbeeren dazulegen und mit 3 Liter Wasser begießen, salzen, etwa 3 Stunden kochen, entschäumen, entfetten und durch ein Tuch oder Sieb gießen.

Sie verfügen jetzt über etwa 1 1/2 Liter sehr gehaltvoller Wildfleischbrühe (Wildfond), die zur Zubereitung Ihrer braunen Grundsauce erforderlich ist.

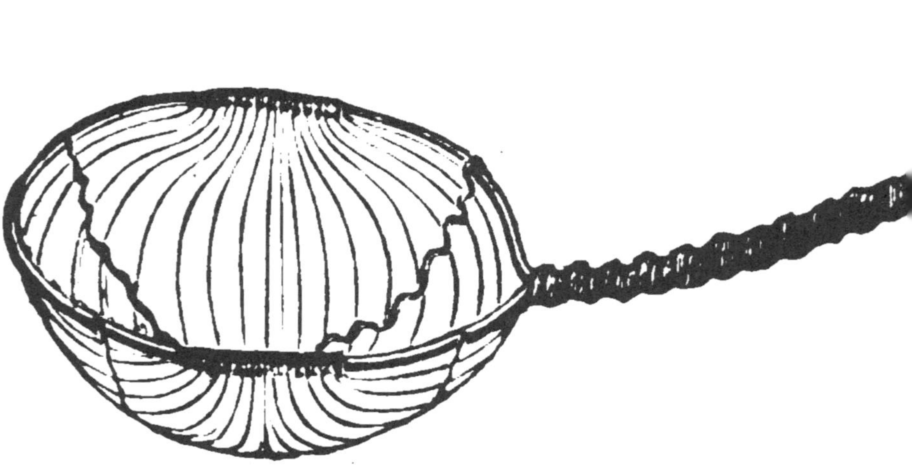

Braune Grundsauce

Die Herstellung der braunen Grundsauce ist ebenso einfach, preiswert und zeitaufwendig wie die Zubereitung des Fonds.

Auch wenn Sie einen bestimmten Zeitraum mit der Zubereitung der Grundsauce beschäftigt sind, rechtfertigt das Produkt alle Mühen.

2 kg kleingehackte Wildknochen mit 100 g gewürfeltem Speck oder Schinkenresten in der Bratenröhre braun rösten. Wenn die Parüren eine gute braune Farbe haben, 200 g Zwiebeln, 3 Möhren, 1 Stück Sellerie und eine Petersilienwurzel - alles grob geschnitten - hinzugeben und erneut durchrösten. 300 g Tomaten und 2 Eßlöffel Tomatenmark hinzufügen, mit etwa 100 g Weizenmehl bestäuben und den Vorgang wiederholen. Das Ganze soll zwar kräftig durchgeröstet werden, darf aber nicht anbrennen!

In einen Topf umfüllen, mit den vorbereiteten 1 1/2 l Fond auffüllen, Kräuterbund, 1 Schuß Madeira, 1 Lorbeerblatt, 5 Pfefferkörner und etwas Salz hinzufügen und bei mäßiger Hitze 1 1/2 l bis 2 Stunden kochen lassen. Desöfteren entschäumen und entfetten. Am Schluß die braune Sauce durch ein Sieb streichen.

Wildsaucen sollten so wenig wie möglich gebunden sein. Mehl darf nur sparsam verwendet werden.

Die fertige braune Wildgrundsauce können Sie nun nach eigenem Belieben in viele Geschmacksrichtungen verändern oder mit Bratenjus verfeinern und damit Ihrem Schaumburger Wildgericht die Krone aufsetzen!

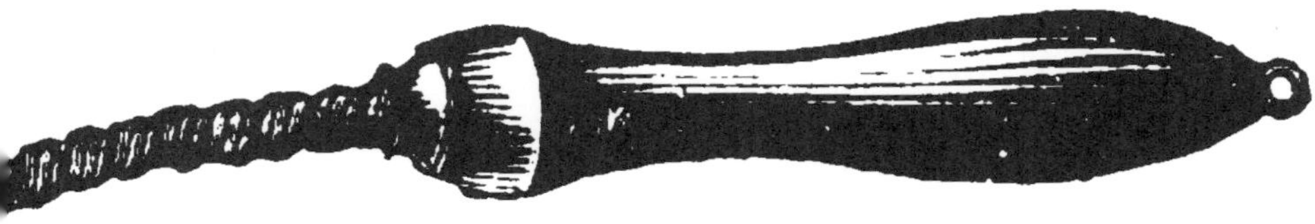

Belehrung vor der Sauhatz

Joseph von Lauff, 1915

Das Weibsbild heißt Bache und Keiler der Mann,
und steigt er die Treppe des Alters hinan,
dann wird so ein Schwarzrock, wie allseits bekannt,
auch hauendes, gutes und Hauptschwein genannt.
Der Vorkopf heißt Wurf und der Rüssel Gebreche,
der Hauzahn Gewehr, und wenn ich noch spreche,
vom hintern Spielwerk, so purzelnd und klein,
so nennt sich das Pürzel, auch Federlein.
So aber zwei Sauen in Liebe sich finden,
sich grunzend vereinen und eh'lich verbinden,
kurz, wenn sie erfüllen die Fortpflanzungspflicht,
dann sagt man: sie rauschen, doch rammeln sie nicht.
Und naht sich die Zeit, wo in traulichen Banden,
gewisse Erwartung und Hoffnung vorhanden,
ja, dann, meine Herren, und mal ehrlich gesprochen,
die Bache, sie kommt nicht in Wehen und Wochen,
vielmehr und hingegen, und das bleibt der Kern
in diesem Fall: sie frischt, meine Herrn!

Schaumburger Wildgerichte und eine kräftige, würzige Sauce sind eng miteinander verbunden. Deshalb werden diese Gaumenfreuden nicht nur mit reichlich Sauce, sondern auch mit einer » sauceschluckenden « Beilage gereicht.

In Schaumburg werden bevorzugt Kartoffelbeilagen zu Wildgerichten angeboten. Neben der Salzkartoffel, dem Kartoffelbrei und den Bratkartoffeln, auf deren Zubereitung an dieser Stelle - auch für den kochenden Anfänger - nicht näher eingegangen werden sollte, haben sich Kartoffelkroketten und teilweise auch Pommes frites durchgesetzt. Diverse Arten Kartoffelknödel und -klöße, aber auch Teigwaren wie Spätzle und unterschiedlichste Nudelprodukte runden die Beilagenpalette ab. Beim Reis oder bei anderen » exotischen « Wildbeilagen verhält sich der wildkochende Schaumburger immer noch recht zögerlich.

Gerade deshalb folgen einige Vorschläge, die in der Wildküche ohne viel Aufwand realisiert werden können, die jeden kalorienbewußten Wildesser begeistern werden und die darüber hinaus auch noch sehr schmackhaft sind.

DER GEGLIEDERTE KARTOFFELWITZ

In der Hauptschule wird die Aufgabe gestellt: Ein Zentner Kartoffeln kostet 25 DM. Wieviel kosten drei Zentner?
In der Realschule wird gefragt: Ein Zentner Kartoffeln kostet 25 DM. Im nächsten Jahr wird der Preis um 10 Prozent steigen. Wie hoch ist er dann?
Im Gymnasium heißt die Aufgabe: Im letzten Jahr kostete der Zentner Kartoffeln 25 DM, in diesem Jahr 29 DM und im nächsten Jahr 27 DM. Bauer X erntete in diesem Jahr n Zentner Kartoffeln, Bauer Y n+300 Zentner, im nächsten Jahr rechnen beide mit einer progressiven Ertragssteigerung von 19,9 Prozent. Diskutiere den Grenzertrag beider Betriebe unter der Prämisse, daß die intellektuelle Kapazität des Argrarökonomen Y der voluminösen Expansion der Produkte seiner Latifundien indirekt proportional ist!
In der Gesamtschule heißt es: Ein Zentner Kartoffeln kostet 25 DM. Drei Zentner Kartoffeln kosten 75 DM. Unterstreiche das Wort Kartoffeln und diskutiere über den Preis mit deinem Nachbarn!

Reiskroketten

150 g Reis wird in Salzwasser etwa 15 bis 20 Minuten gekocht und danach abgetropft. Man fügt 100 g würzigen, geriebenen Käse, 2 Eier, 1 bis 2 Eßl. Mehl, Salz und ein wenig Muskat hinzu. Aus der gut durchgerührten Masse formt man runde oder zylindrische Kroketten, die in Butter hellgelb ausgebacken werden.

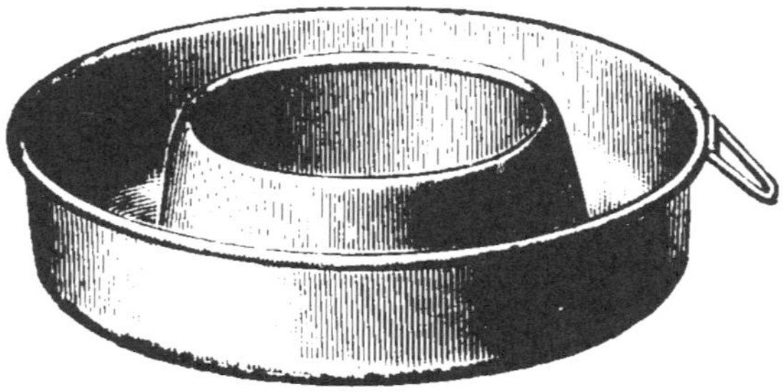

Reiskuchen

Man nehme: 1 Tasse Reis, 1 Tasse Tomatenmark, 3 Tassen Wasser, 1 Prise Zucker, Salz, einige Tropfen Essig und einen Stich Butter. Gut gemischt, schmort man das Ganze etwa 30 Minuten gar, preßt es in eine gefettete Ringform, schiebt den Auflauf noch einmal 5 Minuten in den heißen Ofen und stürzt ihn danach auf eine heiße Platte. In den Ring aus Reis kann man Wildragout, Frikassee und Gulasch füllen.

Kleine Griesnockerl

150 g Gries, Salz, Muskat, 50 g Butter werden in einem halben Liter Milch gekocht. 2 Eier, sowie 4 Eßlöffel geriebener Parmesankäse werden nach Abkühlung unter die Griesmasse gerührt. Das Ganze wird ca. 1 cm dick auf ein gefettetes Backblech gestrichen, in Förmchen ausgestochen, mit Butter bestrichen und mit Käse bestreut und in der Bratröhre goldbraun gebacken.

Gebackene Polenta

Wasser in einem großen Topf zum Kochen bringen und salzen. 250 g Maismehl unter ständigem Rühren langsam in das kochende Wasser rieseln lassen und bei schwacher Hitze noch ca. 5 Minuten kochen lassen und weiterrühren.

Die Masse noch weitere 30 Minuten quellen lassen, 70 g Butter und 70 g Parmesankäse hinzugeben und weiterrühren, bis beides geschmolzen ist. Die Polenta fingerdick auf ein Backblech streichen, abkühlen, in Formen schneiden und in Butter oder Öl goldbraun in der Pfanne backen, mit geriebenem Käse bestreuen und mit brauner Butter übergießen.

Yorkshire Pudding (Kuchen)

Der Yorkshire Pudding ist kein Pudding, den wir gewöhnlich als Nachspeise verstehen, sondern ein Kuchen, der auch nicht zum Kaffee verzehrt wird, sondern als Beilage zu Fleischgerichten. Er gelingt besonders gut, wenn man ihn mit dem Braten in die selbe Backröhre schiebt und ihn hin und wieder mit dem Bratensaft benetzt.

125 g Mehl, 4 Eier, 1 Tasse Milch und 1/2 Teel. Salz werden zu einem glatten Teig verarbeitet oder in der Küchenmaschine aufbereitet. Den Teig kräftig durchkneten und 30 Minuten im Kühlschrank ruhen lassen. Im Backofen bei 225°C ca. 30-40 Minuten in der Fettpfanne mit etwa 40 g Schweineschmalz goldgelb backen, aufschneiden und heiß servieren bzw. um den Wildbraten legen.

Griesklöße mit Kräutern

1/2 l Milch und 1/2 l Wasser in einem großen Topf zum Kochen bringen, 250 g Gries einrühren und ca. 15 Minuten kochen. Den Topf vom Feuer nehmen, Salz, eine halbe geriebene Zwiebel, reichlich frische, gehackte Kräuter und 2 Eier hinzufügen.

Aus der erkalteten Masse Klößchen formen, in kochendes

Wasser geben, bis sie schwimmen, herausnehmen, gut abtropfen lassen, mit brauner Butter übergießen und zum Wildgericht reichen.

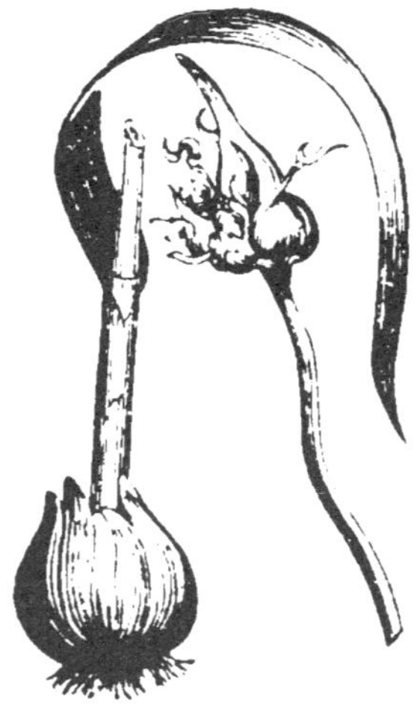

Knoblauch

BROT

Da inzwischen neben den warmen Wildbeilagen häufig geröstetes, im Backofen gewärmtes oder frisches Weißbrot, Baguette oder andere köstliche Schaumburger Brotsorten angeboten werden, ist es durchaus üblich, auch Butter dazuzureichen.

Um die » gute deutsche Markenbutter « etwas pikanter im Geschmack zu gestalten, folgen einige Buttermischungen, die Sie gefahrlos ihren Gästen anbieten können.

HOFMEISTERBUTTER

1/2 Pfund Butter, 2 Eßl. feingehackte Petersilie, Saft einer halben Zitrone. Die weichgerührte Butter mit der Petersilie und dem Zitronensaft verrühren, salzen, pfeffern, in eine Form geben und im Kühlschrank erkalten lassen.

KNOBLAUCHBUTTER MIT KRÄUTERN

1/2 Pfund Butter, 2 Eßl. feingehackte frische Gewürzkräuter, 2 bohnengroße Knoblauchzehen (mit Salz unter der breiten Seite eines großen Kochmessers zu einer breiigen Masse zerquetscht), 1 Spritzer Zitronensaft, 1 Spritzer Worchestersauce, Pfeffer.

Die weichgerührte Butter mit den Kräutern und dem frischen Knoblauch verrühren, pfeffern, eventuell salzen, mit Zitronensaft und der Worchestersauce würzen, in Pergamentpapier einrollen und im Kühlschrank erkalten lassen.

1 Baguette in Scheiben schneiden, die Kräuterbutter sehr dünn auf die Scheiben aufstreichen, die Brotscheiben wieder aneinanderlegen, in Aluminiumfolie einwickeln und in der vorgeheizten Bratröhre aufwärmen.

SCHNECKENBUTTER

1 Pfund Butter, 1 zerquetschte Knoblauchzehe, 3 sehr klein gehackte Schalotten, 1 Eßl. gehackte Petersilie, 6 g Salz, 2 g frischer gemahlener schwarzer Pfeffer. Die Zutaten mit der weichgerührten Butter gut vermengen.

Kein Waidmann fragt den andren,
ob Heide er, ob Christ,
jedweder Freund des Waldes,
ein Freund des Jägers ist.

Zweig des Lorbeerbaumes

WILDGELEE

der für die Garnierung und für den Wohlgeschmack eines festlichen Wildmenues nicht fehlen sollte.

Für 1 Liter Wildgelee nehmen Sie einen der Länge nach gespaltenen Kalbsfuß, 500 g kleingehackte Kalbsknochen, 100 g Schweineschwarte, 1 kg kleingehackte Wildknochen und Wildabfälle (Parüren), 50 g Möhren, 50 g Zwiebeln, 20 g Porree, 30 g Sellerie, 1 Kräuterbund mit viel Thymian, 3 Wacholderbeeren, 1 Lorbeerblatt und 2 Liter Wasser. Nach Belieben etwas Wein. Die Wildparüren und die Kalbs- und Wildknochen kräftig anbraten.

Alle Zutaten in einen großen Topf geben, mit dem Wasser aufgießen, zum Kochen bringen und abschäumen. Etwas salzen und etwa 4 Stunden bei geringer Hitze kochen. Den Fond entfetten, durch ein feines Sieb passieren, in eine Form gießen und erkalten lassen.

Sollte der Gelee nicht ausreichend erstarren, muß er noch einige Zeit gekocht werden.

Mit dem Feuer kam die Bratröhre, mit dem Pfeffer die Würze, mit dem Wild das Fleisch und mit der Jagd das Wildbret. Der Feinschmecker Mensch kultivierte diese Entdeckung und entwickelte aus den Anfängen der Wildzubereitung die Kunst des Kochens. Von dem mühsam erlegten Wild wurden aber nicht nur die edelsten Wildbretstücke, sondern alle genießbaren Teile in der Küche verwertet. So wie » Wildbretabfälle «, sogenannte *Parüren*, für die Zubereitung köstlicher Saucen genutzt werden, sind kleine Wildbretteile, Innereien (kleines Jägerrecht) und selbst Reste von Wildbraten sehr geeignet, leckere Pasteten, Terrinen, Fleischklößchen, Wurst und Suppen herzustellen. Wobei es nicht darauf ankommt, ob das Wildbret vom Schwarzwild, dem Reh oder anderen Wildarten stammt.

Nur Geschick, Experimentierfreude und ein kritischer Gaumen entscheiden in der Wildküche über die Qualität *Ihrer* Schaumburger Wildgerichte aus » Allerlei Resten «.

Wildsteaks »Bergkette«

Elisabeth Quade

Das zarte Wildfleisch in etwa 2-3 cm dicke Scheiben schneiden. Zwiebelringe mit Butter in der Pfanne leicht bräunen und warmstellen. Die Steaks in die heiße Pfanne geben, von beiden Seiten anbraten, fertiggaren und würzen.

Erste Variante:

Wildsteaks und Zwiebeln anrichten. Bratensatz mit Sahne, Cognac und Preiselbeeren abschmecken und als Sauce reichen.

Beilagen: Stangenbrot und frischer Salat nach Geschmack und Jahreszeit.

Zweite Variante:

Fleisch und Zwiebeln in eine ofenfeste Form mit Deckel geben, die Sahnesauce darübergießen und in den auf etwa 150°C vorgeheizten Backofen stellen. Ein Essen mit Gästen kann auf diese Art gut vorbereitet werden. Darüber hinaus wird weniger zartes Fleisch im Ofen doch noch zart.

Beilagen: Spätzle oder Kroketten sowie Apfelmus Pfirsiche, Birnen mit Preiselbeersahne

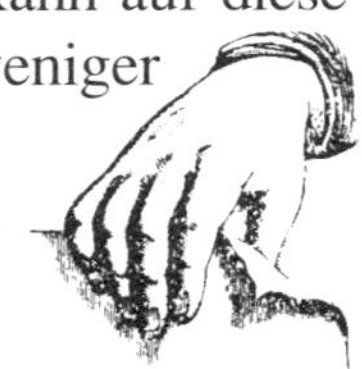

Zutaten

1 kg	*zartes Wildfleisch (Filet, Rücken, Keule)*
2	*Zwiebeln*
100 g	*Butter*
1/2 Becher	*Saure Sahne*
1/2 Becher	*Süße Sahne*
2 Eßl.	*Preiselbeeren*
1 Glas	*Cognac*

Zum Würzen

Salz
Pfeffer
Kräuter

4 - 6 Personen

Brunhilde Noltemeier

Das in Stücke geschnittene Fleisch und den gewürfelten Speck in heißem Fett anbraten, kleingeschnittene Zwiebeln mitbräunen und Gewürze dazugeben. Mit heißem Wasser und Wein ablöschen.

Den Topf schließen und ca. 30 Minuten garen.

Pilze und Johannisbeergelee hinzufügen und noch weitere 5 Minuten köcheln lassen.

Das Wildragout mit Sahne oder Creme fraiche verfeinern.

Zutaten

750 g	*Wildfleisch (Hirsch, Reh, Wildschwein)*
80 g	*durchwachsener Speck*
20 g	*Bratfett*
2	*Zwiebeln*
1	*Lorbeerblatt*
3	*Nelken*
1/8 l	*Rotwein*
1/8 l	*Wasser*
200 g	*Pilze*
50 g	*Johannisbeergelee*
1/8 l	*saure Sahne oder Creme fraiche*

Zum Würzen

Salz
Pfeffer
Thymian
Majoran

4 Personen

Wildragout »Landrat«

Silva Schoof

Aus Rotwein, Lorbeerblatt, Wacholderbeeren und den halbierten Zwiebeln eine Marinade bereiten.

Das Fleisch in Würfel oder Streifen schneiden und in der Marinade bis zu 24 Stunden im Kühlschrank ziehen lassen. Das Fleisch aus der Flüssigkeit nehmen, gut abtrocknen und in dem Öl rundum gut anbraten. Mit Salz und Pfeffer würzen, etwas Marinade angießen und zugedeckt 1 Stunde schmoren lassen. Immer wieder etwas Marinade angießen. Dann die saure und süße Sahne dazugeben, noch einmal leicht durchköcheln lassen und abschmecken.

Man kann auch Pfifferlinge oder Champignons aus der Dose dazugeben.

Zutaten

700 g	*Wildfleisch (ohne Knochen und Fett)*
1/4 l	*Rotwein*
1 Becher	*Saure Sahne*
1 Becher	*Süße Sahne*
2	*Lorbeerblätter*
6	*Wacholderbeeren*
2	*Zwiebeln*
4 Eßl.	*Öl*

Zum Würzen

Salz
Pfeffer
Zucker

4 Personen

Südhäger Zwiebelfleisch

[illegible]

Sind Reh- oder Frischlingsblätter oder gar eine Keule
arg zerschossen,
so bereiten wir daraus

Südhäger Zwiebelfleisch

Wildbret würfeln und anbraten. Zwiebeln ebenfalls würfeln, dazugeben und andünsten.

Die Sahne und die Buttermilch mischen, auffüllen und das Ganze 30 Minuten garschmoren.

Die Sauce, falls notwendig, mit in Buttermilch angerührtem Mehl andicken.

Zutaten

1 kg	*Wildfleisch*
3 Eßl.	*Öl*
1 kg	*Zwiebeln*
1/4 l	*Saure Sahne*
1/4 l	*Buttermilch*

Zum Würzen

Salz
Pfeffer

4-6 Personen

Wildsuppe »Gruß der Bückeberge«

Klaus Lohmeier

Das Wildfleisch abspülen, abtrocknen und in kleine Würfel schneiden. Ein Bund Suppengrün waschen und kleinschneiden.

Das Wildbret scharf anbraten, das Suppengrün am Schluß dazugeben. Das Ganze mit 1,5 l Wasser aufgießen, die Wacholderbeeren, das Lorbeerblatt, die Pfefferkörner und die Zwiebeln 90 Minuten garen lassen.

Den gehäuften Eßlöffel Mehl mit 4 Eßlöffeln Wasser verrühren und die Suppe damit binden. Mit Sherry, Zitronensaft, Salz, Pfeffer und Zucker abschmecken.

1/4 l süße Sahne mit einer Prise Salz und einem Teelöffel edelsüßem Paprika steif schlagen.

Die Suppe in die Tassen füllen, ein Häubchen Sahne darauflegen, mit Paprika bestäuben und sofort servieren.

Wer mag, kann gehackte Petersilie darüberstreuen.

4 - 6 Personen

Zutaten

750 g	*Wildfleisch (Reste vom Wildbraten)*
	oder
750 g	*Wildfleisch (Hals, Rippen oder Bauch)*
1 Bund	*Suppengrün (dabei: 1 Petersilienwurzel)*
3	*Wacholderbeeren*
1	*Lorbeerblatt*
5	*Pfefferkörner*
2	*Zwiebeln*
1 Eßl.	*Mehl*
2 Glas	*Sherry*
2 Eßl.	*Zitronensaft*
1/4 l	*Süße Sahne*
1 Teel.	*Edelsüßer Paprika*

Zum Würzen

Salz
Pfeffer
Zucker

Wildsuppe

Roswitha Freise

Wildfleisch, Hals, Rippen und Knochen mit viel Gewürzen und Zwiebeln ca. 45 Minuten kochen. Wildfleisch, Hals, Rippen, Knochen etc. der fast fertigen Suppe entnehmen und das Fleisch von den Knochen lösen.

Wildfleisch, fetten Speck und Zwiebeln in Würfel schneiden. Den Speck in der Pfanne auslassen und die Zwiebeln darin glasig dünsten, etwas Mehl überstäuben und mit Brühe ablöschen. Das Ganze in die Suppe geben und mit Rotwein, Worchestersauce, Tabasco, Pfeffer und Salz abschmecken.

Zum Schluß das kleingewürfelte Fleisch hinzufügen.

Zutaten

Wildfleisch
Hals, Rippen, Knochen
Zwiebeln
Lorbeerblatt
Wacholder
Thymian
Majoran
andere frische Gewürze nach Jahreszeit

Zum Würzen

Rotwein
Tabasco
Salz
Pfeffer
Worchestersauce

Das Gericht kann für eine beliebige Personenanzahl gekocht werden.

Wildsuppe

Die Reste vom gebratenen Wild in Streifen schneiden. Knochen und Gerippe in einem Liter Wasser zum Kochen bringen, Suppengrün dazugeben und salzen. Die Wacholderbeeren in ein Leinensäckchen binden und in die Suppe legen. Das Ganze 30 Minuten kochen.

Gewürfelten Speck auslassen, Mehl darüberstäuben und braun anschwitzen. Anschließend mit der durchgesiebten Knochenbrühe auffüllen, den Portwein dazugeben und mit Salz und Pfeffer abschmecken. Zum Schluß das Fleisch und die Pfifferlinge hinzufügen und noch 5 Minuten kochen lassen.

Die Wacholderbeeren herausnehmen, Suppe mit gehackter Petersilie bestreuen, in die Suppentassen füllen und ein wenig ungeschlagene Sahne hinzufügen. Noch einmal mit der Pfeffermühle darübergehen.

Zutaten

500 g	*Wildfleisch (Reste und Rippen vom gebratenem Wild)*
60 g	*Fetter Speck*
30 g	*Mehl*
1 Dose	*Pfifferlinge*
1 Bund	*Suppengrün*
1 Bund	*Petersilie*
3	*Wacholderbeeren*
1 Glas	*Portwein*
4 Eßl.	*Süße Sahne*

Zum Würzen

Salz
schwarzer Pfeffer

4 Personen

Südhäger Wildsuppe

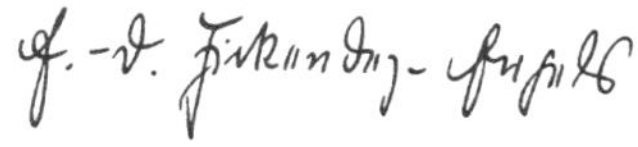

Haben am Festtag Reh-, Damwild- oder Wildschweinrücken bestens gemundet, wird für den nächsten oder übernächsten Tag aus den Knochen und Fleischresten die Südhäger Wildsuppe wie folgt bereitet:

Wildknochen und Fleischreste werden mit einem Eßlöffel Öl angebraten. Die gewürfelten Zwiebeln und Möhren werden mitgedünstet. Das Ganze wird mit Wasser aufgefüllt, mit Salz gewürzt und 1 Stunde langsam gekocht. Danach wird die Brühe durch ein Sieb gegossen.

Aus dem Fett und dem Mehl wird eine Schwitze bereitet und mit der Brühe aufgefüllt. 10 Minuten kochen lassen und mit Salz und Pfeffer abschmecken.

Das Fleisch von den Knochen absuchen und mit dem Schinkenspeck durch den Wolf drehen, mit dem Ei, dem Paniermehl, Salz und Pfeffer vermengen und aus der Masse Klößchen formen. Diese im offenen Topf in der köchelnden Suppe langsam garziehen lassen.

Zum Schluß mit etwas Rotwein abschmecken.

Zutaten

	Wildknochen
	Fleischreste
1 Eßl.	*Öl*
2	*mittelgroße Zwiebeln*
2	*Möhren*
1,5 l	*Wasser*
60 g	*Fett*
70 g	*Mehl*
2	*Scheiben Schinkenspeck*
1	*Ei*
	Paniermehl
1	*Schuß Rotwein*

Zum Würzen

Salz
Pfeffer

6 Personen

Wildfleischauflauf »Deister«

Brunhilde Noltemeier

Die Weißbrotscheiben in Butter bräunen und den Boden einer entsprechend großen Auflaufform damit bedecken. Die Brotscheiben werden mit einer Schicht fertig zubereitetem Rotkraut bedeckt. Darauf kommen die in Scheiben geschnittenen Reste des gebratenen Wildfleisches und die übrig gebliebene Bratensauce.

Als Abschluß wird eine ''gute'' Schicht Kartoffelbrei daraufgegeben und mit Parmesankäse und geriebenem Semmel dicht bestreut. Butterflöckchen werden aufgesetzt.

Das Gericht kommt in den vorgeheizten Backofen,bis es durch und durch heiß ist. Der Auflauf sollte nicht backen oder kochen, da sonst das Fleisch zäh werden könnte.

Zutaten

500 g	*gebratenes Wildfleisch (Reste)*
800 g	*gekochtes Rotkraut*
4 - 6	*Weißbrotscheiben*
1 - 2	*Tassen Bratensauce (wenn vorhanden)*
800 g	*Kartoffelbrei*
50 g	*Parmesankäse*
50 g	*geriebene Semmel*
50 g	*Butter*

4 - 6 Personen

Wildfleischsülze »Schaumburger Wald«

Wildfleischstücke, Knochen, Gewürzkörner, Lorbeerblätter, Salz und Suppenwürze werden kräftig gekocht. Die Wildfleischstücke und die Knochen werden aus der Brühe genommen, die Wildfleischstücke gewürfelt und die Knochen "abgesucht".

Das Fleisch wird mit den in Scheiben geschnittenen Gewürzgurken, den Eischeiben und Kapern in eine Schüssel gelegt. Die Brühe wird durch ein Sieb gegossen und mit Essig und Wein kräftig abgeschmeckt.

In ein Liter Brühe werden 12 Blatt aufgelöste Gelantine gerührt. Die Brühe wird über das Fleisch gegossen und kaltgestellt.

ZUTATEN

Wildfleischstücke ohne Sehnen und Knorpel
Knochen
Suppengemüse
Gewürzkörner
Lorbeerblätter
Salz
Suppenwürze
Gewürzgurken
Eier
Kapern
Essig
Weißwein
Gelantine

Das Gericht kann für eine beliebige Personenanzahl gekocht werden.

Wildleberpastete »Sanglier«

Brigitte Lesse-Rüssler

Die Leber 10 Minuten in kochendem Wasser garen. Fleisch, geräucherten Speck und die Leber in Stücke schneiden.

Von den Weißbrotscheiben die Kruste entfernen. Die Zwiebeln würfeln. Den Knoblauch kleinschneiden und mit einer Prise Salz unter der breiten Seite eines großen Messers zu einer breiigen Masse verarbeiten. Die Gewürzkräuter fein zerstoßen.Den Boden und die Innenseite eines Steingutgefäßes (1,5 l) mit den Speckscheiben auslegen. Das Wildfleisch, den Speck, die gegarte Leber und das Weißbrot zweimal durch den Fleischwolf geben oder in der Küchenmaschine entsprechend zerkleinern.

Alle anderen Zutaten zu der Masse geben, gut durchrühren und in das vorbereitete Steingutgefäß füllen. Den Steinguttopf in ein kaltes Wasserbad stellen (es genügt das mit Wasser gefüllte Backblech), den Backofen auf 200°C heizen und die Hitze beim Sieden des Wasserbades auf 160°C senken. Die Pastete 1 Stunde bei dieser Temperatur und danach noch 15 Minuten bei 200°C garen lassen. Die Pastete sollte mindestens 12 Stunden "reifen" und im kalten Zustand serviert werden.

8 Personen

	Zutaten
500 g	*rohes Wildfleisch (Schwein, Hirsch, Reh)*
250 g	*geräucherter, durchwachsener Speck*
6 - 8	*große Scheiben fetter (grüner) Speck*
250 g	*Schweineleber*
2	*Zwiebeln (pflaumengroß)*
1	*Knoblauchzehe (bohnengroß)*
2	*Eier*
3 Eßl.	*Kondensmilch*
2 Glas	*Cognac*
4	*Scheiben frisches Weißbrot*
	Zum Würzen
1 Eßl.	*Pfeffer (bitte aus der Pfeffermühle)*
1 Teel.	*Salz*
3 Teel.	*Kräuter der Provence*

Wildpastete mit Cumberlandsauce

Friederike von Oheimb

Das Wildfleisch in Würfel schneiden, mit den zerstoßenen Wacholderbeeren und dem ''Würzalkohol'' mischen und 2-3 Stunden durchziehen lassen.

Danach mit den Geschmackszutaten mischen und zweimal durch den Fleischwolf geben. Glattrühren und in eine feuerfeste Form füllen, mit Speck belegen und mit Aluminiumfolie abdecken. Bei 200°C Mittelhitze ca. 75 Minuten garen.

	Zutaten
750 g	rohes Wildfleisch
250 g	Schweineleber
100 g	Speck
2	Brötchen (in Sahne eingeweicht)
1 - 3	Zwiebeln
4	Wacholderbeeren (zerdrückt)
2 - 3	Gläser Gin, Sherry oder Weinbrand
oder	
1 - 2	Gläser Cognac
	Zum Würzen
2 Eßl.	Gewürzmischung aus: Salbei, Thymian, Basilikum, Majoran oder Oregano, Zitronenschale, Muskat, Ingwer, Pfeffer, gemahl. Lorbeerblätter und Nelken,Salz
	oder
2 Eßl.	gemahl. Wildgewürz

Cumberlandsauce: Die Schale einer ungespritzten Apfelsine von der weißen, inneren Haut befreien, in sehr feine Streifen schneiden, mit 3 Eßl. Rotwein vermengen und in einem kleinen Topf 10 Minuten kochen lassen. Nach dem Erkalten 250 g Johannisbeergelee mit einem Teelöffel Senf gut verrühren und hinzufügen. Das Ganze mit Salz, 1 Teelöffel Zitronensaft und 1 Glas Rotwein abschmecken.

Beilagen: Verschiedene Brotsorten oder Brötchen mit Preiselbeeren oder Cumberlandsauce.

8 Personen

Schusterpastete

Brigitte Otto

Kartoffeln kochen und pellen. Schinken, Fleisch, Gurken, Zwiebeln und Heringe in Würfel schneiden. Die Kartoffeln in Scheiben schneiden und braten (2 Kartoffeln zurücklassen).

Inzwischen eine Auflaufform einfetten und mit Paniermehl ausstreuen. Dann lagenweise Kartoffeln, Schinken, Fleisch, Gurken, Zwiebeln und Heringe in die Auflaufform füllen. Zuletzt eine Schicht Bratkartoffeln und die 2 in Scheiben geschnittenen, gekochten Kartoffeln darüberlegen. Die saure Sahne mit der Milch verdünnen und darübergießen. Das Ganze mit Butterflöckchen belegen und mit Paniermehl bestreuen.

Die Schusterpastete bei 200°C, nach 15 Minuten bei 180°C ca. 90 Minuten im Backofen garen.

Schmeckt aufgewärmt -am nächsten Tag- am besten!

Zutaten

1,5 kg	*Kartoffeln*
100 - 125 g	*Schinken*
250 g	*gekochtes Wildfleisch (Rippen oder Nacken)*
1	*kleines Glas Gurken*
500 g	*Zwiebeln*
3	*halbe Matjesheringe*
3/4 l	*saure Sahne*
50 g	*Paniermehl*
50 g	*Butter*
1/4 l	*Milch*

6 Personen

Leberklopse

Brigitte Otto

Leber und Zwiebeln durch einen Fleischwolf drehen. Aus allen Zutaten einen Teig herstellen. Der Teig muß so beschaffen sein, daß er dickflüssig vom Löffel fällt.

Fett in einer Bratpfanne erhitzen, die Klopse löffelweise in die Pfanne geben und von beiden Seiten bei mäßiger Hitze braten.

Zutaten

1	*Leber (Reh oder Wildschwein)*
1 - 2	*Eier, je nach Größe der Leber*

Zum Würzen

Zwiebel
Paniermehl
Salz
Pfeffer
Majoran

4 Personen

Wildleberwurst

Lotti Wagner

Die rohe Leber, das Bauchfleisch und die Zwiebeln durch den Fleischwolf drehen (mittlere Scheibe), Gewürze mischen und mit den Eiern unterheben, in Gläser füllen und zwei Stunden zukochen.

Zutaten

1/3	*Wildleber, evtl. häuten*
2/3	*Bauchfleisch vom Hausschwein*

Gewürze und andere Zutaten je Kilogramm Feischmasse:

20 g	*Salz*
2 g	*Pfeffer*
1 g	*Majoran*
1 g	*Piment*
1/2 g	*Muskatblüte (Macis)*
1/2 g	*Nelken*
1/2 g	*Ingwer*
2-3	*Zwiebeln*
2-3	*Eier*

Wildsalat mit Pilzen

M. Dorweb

Die Kartoffeln kochen und in Scheiben schneiden. Das Fleisch schräg zur Faser kleinschneiden. Die Pilze in Butter kurz dünsten. Die Schalotten in Ringe schneiden. Die Weintrauben halbieren und die Kerne entfernen.

Den Sherryessig mit Bratenfond und Walnußöl vermischen, salzen, pfeffern und mit Zitronensaft abschmecken.

Alle Zutaten mischen, die Marinade darübergeben und 20 Minuten durchziehen lassen.

Anrichten und mit Petersilie und Walnußkernen garnieren.

Zutaten

300 g	*Kartoffeln (festkochend)*
200 g	*gebratenes Wildfleisch*
60 g	*Butter*
1/8 l	*trockener Rotwein*
200 g	*gemischte Pilze*
2	*Schalotten*
200 g	*blaue Weintrauben*
1 Eßl.	*Sherryessig*
1 Eßl.	*Walnußöl*
1 Teel.	*Zitronensaft*
1 Bund	*Petersilie*
50 g	*Walnußkerne*

Zum Würzen

frisch gemahlener Pfeffer
Salz

4 Personen

Heringssalat »Waidmannsheil«

Wildfleisch, Bismarckheringe und Eier würfeln. Rote Beete, Kartoffeln, Äpfel, Gewürzgurken und Zwiebeln raspeln.

Diese und alle übrigen Zutaten miteinander vermengen und einige Stunden ziehen lassen.

Zutaten

4	*Bismarckheringe*
1 kg	*gekochtes Wildfleisch (Rippen, Hals oder Blatt)*
1 kg	*gekochte Rote Beete*
5	*gekochte Eier*
2	*gekochte Kartoffeln*
2	*feste, saure Äpfel*
2	*mittelgroße Gewürzgurken*
2	*mittelgroße Zwiebeln*
250 g	*Majonaise*
2 Teel.	*mittelscharfer Senf*
1 Eßl.	*Preiselbeeren*
1 Schuß	*Rotwein*

Zum Würzen

Salz
Pfeffer
Essig
Zucker

8 - 10 Personen

Elchbraten » Der Berg brennt «

Regina Hildebrandt

Das Wasser mit Salz, Pfeffer, 1 Eßl. Butter und dem Suppengrün in einem Schnellkochtopf zum Kochen bringen. Das Fleisch im Stück darin in 60 Minuten garkochen, aus der Brühe nehmen, etwas abkühlen lassen und in dünne Scheiben schneiden.

Für die Sauce von der Brühe etwa 1/2 l abnehmen, Sahne und Cognac zugeben, mit Pfeffer und Salz kräftig abschmecken und 5 Minuten köcheln lassen. Das geschnittene Fleisch hineinlegen und das Ganze noch etwa 30 Minuten bei schwacher Hitze durchziehen lassen.

Einen Eßl. Butter zerlassen, die Schalotten und roten Zwiebeln darin glasig dünsten, die Pfifferlinge dazugeben, noch einmal erhitzen und mit Salz und Pfeffer würzen.

Zum Servieren das geschnittene Fleisch mit der Sauce in eine große Schüssel füllen und die gedünsteten Zwiebeln und Pfifferlinge darübergeben.

Beilagen: Salzkartoffeln, Preiselbeerkompott, süßsaure Gurkenscheiben, Eisbergsalat mit wenig Dressing.

ZUTATEN

1 1/2 kg	*Elchfleisch (Ersatzweise gut abgehangenes mageres Rindfleisch)*
2 Eßl.	*Butter*
1 Teel.	*Salz*
1 Prise	*schwarzen, gemahl.Pfeffer*
	etwas Suppengrün
1 1/2 l	*Wasser*
2 - 3	*Schalotten*
3	*rote Zwiebeln*
1	*große Dose Pfifferlinge*
1 Eßl.	*Butter*
1 Becher	*süße Sahne*
4 Eßl.	*Cognac*
1 Teel.	*schwarzer gemahl.Pfeffer*

4 Personen

Das Rehwild

Das Rehwild ist im Schaumburger Land, wie auch in ganz Deutschland, von allen Schalenwildarten am häufigsten vertreten. Jährlich werden im Landkreis etwa 1.300 bis 1.600 Rehe erlegt. Die Abschüsse nehmen von Jahr zu Jahr zu. Deshalb wird sein Wildbret auch am häufigsten angeboten und hat in den Haushaltsküchen einen festen Platz.

Ein Reh wiegt zwischen 10 und 18 kg. Es sind die erst dreiviertel ausgewachsenen Kitze, die noch nicht das volle Gewicht auf die Waage bringen. Am beliebtesten, weil qualitativ am besten, sind der *Ziemer* und die beiden Hinterkeulen; aber auch aus den *Blättern*, den Rippenstücken und Bauchlappen, dem *Träger* lassen sich Bratenstücke oder andere pikante Gerichte bereiten.

Ziemer	Rücken
Blätter	Vorderkeulen
Träger	Hals
aufbrechen	ausweiden; die Innereien herausnehmen
in der Decke	im ganzen Stück
Brunft oder Blattzeit	Paarungszeit

Das sogenannte »kleine Jägerrecht«, das aus Herz, Leber, Lunge und Nieren besteht, gehört nach altem Brauch dem Jäger, dem Erleger. Allerdings nur, wenn er das Stück auch selbst *aufgebrochen* hat. Es kommt daher nur selten in andere Haushalte, da insbesondere die frische Rehleber als Gericht sehr beliebt ist. Sie sollten aber ruhig einmal Ihren Lieferanten danach fragen.

Im allgemeinen genügt es, das Rehwildbret in der *Decke* nur wenige Tage, je nach Witterung, abhängen zu lassen. Bei jungen Stücken erübrigt es sich völlig. Bei älteren Tieren, insbesondere bei Rehböcken, die in der *Brunft* erlegt werden, ist eine Essig- oder Milchbeize zu empfehlen.

Gewichte, jeweils Rohgewicht mit Knochen, von erwachsenen Stücken: Rehrücken ca. 2 - 3 kg, Keule ca. 2,5 - 3 kg. Für eine angemessene Portion muß man 350 Gramm Rücken oder 250 Gramm Keule rechnen.

Garniertes Rehschnitzel

Das gut abgehangene Fleisch waschen, abtupfen und die Ränder häuten. 60 g Butter zerlassen, die Schnitzel darin von beiden Seiten braten, leicht salzen und warmstellen.

Die geschälten Bananen halbieren. Die restliche 20 g Fett zerlassen, die Bananenhälften auf beiden Seiten kurz darin dünsten und jedes Schnitzel mit einer halben Banane belegen.

Für die Sauce die Eigelb, 40 g Butter, Tomatenmark und Sahne mit einem Schneebesen mischen und bei milder Hitze schlagen,bis die Masse cremig ist. Die Sauce mit Salz, abgeriebener Zitronenschale sowie etwas Zitronensaft würzen. Die heiße Sauce über die Rehschnitzel geben und mit etwas Johannisbeergelee verfeinern.

Zutaten

4	*Scheiben Rehfleisch aus der Keule (je 150 g)*
120 g	*Butter*
2	*Bananen*
2	*Eigelb*
1 Eßl.	*Tomatenmark*
2 Eßl.	*Sahne*
1	*Zitrone*
1 Eßl.	*Eßl. Johannisbeergelee*

4 Personen

Rehrücken mit Pfifferlingen

Rehrücken: Den Rehrücken säubern und von Hautresten, Sehnen und Fett befreien. Würzen und die zerquetschten Wacholderbeeren nahe des Rückgrats in das Fleisch eindrücken. Bräter im auf 250°C vorgeheizten Ofen erhitzen, das Butterschmalz in den Bräter geben und den Rehrücken bei gesenkter Temperatur von 200°C braten und dabei häufig mit dem Bratensaft übergießen. Rehrücken aus dem Bräter nehmen, Filets herauslösen, portionieren, auf einer Platte anrichten und mit den Pfifferlingen garnieren.

Pfifferlinge: Zwiebeln fein würfeln, Butter erhitzen und die Zwiebeln darin glasig anschwitzen. Die Pilze dazugeben, würzen, 3 Minuten dünsten und zum Schluß feingehackte Petersilie dazugeben.

Zutaten

1	*Rehrücken (1000 - 1500 g)*
4	*Wacholderbeeren*
2 Eßl.	*Butterschmalz*
2 Eßl.	*Butter*
1 kl.	*Zwiebel*
250 g	*frische Pfifferlinge*
1 Teel.	*Petersilie*
150 g	*Fleischreste (Rehhals)*
2	*Schalotten*
100 g	*Möhren*
100 g	*Sellerie*
1	*Lorbeerblatt*
4	*Wacholderbeeren*
1	*Thymianzweig*
3	*schwarze Pfefferkörner*
1 Glas	*trockener Rotwein*
1/2 Glas	*Wasser*
5 Eßl.	*Creme fraiche*

Zum Würzen

Salz
Pfeffer

Sauce: Die grob zerschnittenen Fleischreste in etwas Bratfett stark bräunen. Das Fleisch herausnehmen, Gemüse andünsten und mit Rotwein ablöschen. Gewürze hinzufügen, mit Wasser auffüllen, sämig einkochen und durch ein Sieb passieren. Abschmecken, Creme fraiche dazugeben und warmhalten. *Beilagen:* Gefüllte Birnen, Rosenkohl, Rotkohl, Maronen, Schwarzwurzeln, Spätzle, Kroketten oder Herzoginkartoffeln.

4 Personen

Rehstroganoff

Fett in der Pfanne erhitzen, die feingeschnittenen Schalotten, Thymian, Lorbeerblatt und die Champignons kurz schmoren, mit dem Rotwein ablöschen und den Wein um die Hälfte einkochen. Mit Mehlbutter (15 g Mehl und 30 g Butter) binden, mit Salz, Pfeffer, Zucker und Senf würzen. Die Sahne hinzugeben und zu einer gut bindenden Sauce verkochen.

Das Rehfilet, wie beim *Stroganoff* üblich, in Streifen schneiden und im heißen Öl kurz und scharf anbraten. Das Öl abgießen, und das Fleisch in die Sauce geben.

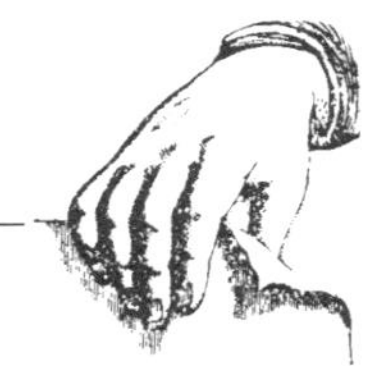

Beilagen : Kartoffelbrei oder Kartoffelkroketten.

Zutaten

1	*Rehrücken*
1/4 l	*trockener Rotwein*
6	*Schalotten*
1	*Lorbeerblatt*
1	*Thymianzweig*
10	*feingeschnittene Champignons*
15 g	*Mehl*
30 g	*Butter*
1/4 l	*saure Sahne*
1 Eßl.	*Senf*
50 g	*Öl*

Zum Würzen

Salz
Pfeffer
Zucker

6 Personen

Rehrücken in Rahmsauce

Ingrid Stephan

Den Rehrücken mit 1 l saurer Sahne übergießen, zerdrückte Wacholderbeeren, Thymian, Nelken und Lorbeerblätter dazugeben. 2 Tage marinieren und dabei öfter wenden. Danach trockentupfen, salzen und pfeffern. In einem Bräter den kleingewürfelten Speck auslassen, den Rücken kurz anbraten und wieder herausnehmen. Das Fett abgießen, den Bratensatz mit Weißwein ablöschen und das Ganze einbrennen lassen. Die kleingeschnittenen Schalotten, den Bleichsellerie, die Gewürze aus der Marinade mit der Schlagsahne in den Bräter geben, aufkochen, abschmekken und den Rücken in den Bräter legen und für etwa 25 Minuten in den auf 175°C vorgeheizten Backofen stellen. Nach 10 Minuten wenden. Die Sauce darf nur leicht köcheln. Den Rücken auf einer Platte im Ofen warmstellen. Die Sauce durch ein Sieb gießen, etwas einkochen lassen und mit dem Rest der sauren Sahne verrühren. Mit dem Johannisbeergelee und einigen Tropfen Zitrone abschmecken. Die Sauce darf nicht mehr kochen. *Beilagen:* Kroketten, Rosenkohl, gefüllte Pfirsiche oder Birnen.

Zutaten

1	*Rehrücken von etwa 1,8 kg*
1 1/4 l	*saure Sahne*
20	*Wacholderbeeren*
1	*Thymianzweig*
3	*Gewürznelken*
2	*Lorbeerblätter*
50 g	*Speck*
1 Eßl.	*Olivenöl*
1 Glas	*trockener Weißwein*
3	*Schalotten*
50 g	*Bleichsellerie*
1/2 l	*Schlagsahne*
1 Eßl.	*Johannisbeergelee*

Zum Würzen

etwas Zitronensaft

Salz

Pfeffer

6 Personen

Rehleber auf Zwiebeln gedünstet

Brigitte Otto

Die abgespülte Rehleber häuten und mit einem scharfen Messer in dünne Scheiben schneiden. Die Scheiben in Mehl wälzen. Die Butter in der Bratpfanne erhitzen und die Rehleberscheiben von beiden Seiten kurz anbraten. Danach die Scheiben aus der Pfanne nehmen und nach Zugabe von etwas Butter die in Scheiben geschnittenen Zwiebeln mit viel Majoran in die Pfanne geben, die Rehleberscheiben auf die Zwiebeln verteilen und bei kleiner Flamme ca. 30 Minuten dünsten lassen.

Vor dem Servieren mit etwas Salz abschmecken.

Statt Rehleber kann man auch Wildschweinleber nehmen.

Zutaten

1	*Rehleber*
500 g	*Zwiebeln*
100 g	*Butter*

Zum Würzen

Salz
Majoran

4 Personen

Rehkeule mit Specksauce und Preiselbeerbratlingen

Rehkeule von allen Seiten kräftig würzen. Butterschmalz, Gemüse, Tomatenmark, Wacholderbeeren, Pfefferkörner und das mit der Speckschwarte belegte Fleisch in die Fettpfanne geben und anbraten. Mit Brühe und Rotwein ablöschen und immer wieder angießen. Bei 220°C ca. 2 - 2,5 Stunden braten lassen. Für die Sauce die Bratflüssigkeit durch ein Sieb geben und einkochen lassen. Die Sahne dazugießen und abschmecken. Den Bauchspeck und die Pilze anbraten und zur Sauce geben oder gesondert reichen.

Eigelb, Milch, Butter, Preiselbeeren und Salz verrühren und den Eischnee vorsichtig unterheben. Das Butterschmalz in der Pfanne erhitzen und eßlöffelweise kleine Pfannkuchen backen.

Weitere Beilagen: Salzkartoffeln oder Kroketten, Rosenkohl oder Rotkohl, Preiselbeeren

Zutaten

1	*Rehkeule*
100 g	*Butterschmalz*
500 g	*kleingeschnittenes Gemüse (Möhren,Zwiebeln,Porree, etc.)*
1	*kleine Dose Tomatenmark*
10	*zerdrückte Wacholderbeeren*
15	*zerdrückte schwarze Pfefferkörner,*
100 g	*Speckschwarte*
2 l	*Fleischbrühe*
1/2 l	*Rotwein*
1/2	*Becher süße Sahne*
2	*Gläser Gin*
1 EL	*Butter*
100 g	*Bauchspeck, gewürfelt*
200 g	*Pilze (Champignons, Pfifferlinge etc.)*

Für die Preiselbeerbratlinge :

1	*Eigelb*
3	*Eßl. Milch*
1	*Teel. Butter*
1	*kleines Glas Preiselbeeren*
1	*Prise Salz*
1	*Eischnee*
20 g	*Butterschmalz*

Zum Würzen

Salz, Pfeffer

reichlich Thymian

4 - 6 Personen

Viele Bewohner des Schaumburger Landes wissen gar nicht, daß in ihrem Heimatkreis auch zahlreiche Hirsche leben. Ihr Verbreitungsgebiet beschränkt sich auf die Forsten und angrenzenden Feldflure des Schaumburger Waldes. Aus einem stark angewachsenen Bestand des Rot- oder Edelhirsches (mit leiterförmigem Geweih) von 150 - 200 Stück werden jährlich zwischen 40 und 100 Stück entnommen. Bei dem Damwild (schaufelartiges Geweih, deutliche Tupfen auf der *Decke*) sind es 20 - 40 Stück.

Rot- und Damwild wird selten als ganzes Stück an Privathaushalte abgegeben. Immerhin kann ein Rothirsch 150 kg und mehr wiegen. Ein weibliches Stück, ein Alt- oder Schmaltier, bringt etwa 50 - 90 kg auf die Waage.

Auch Damwild ist mit 40 - 100 kg in der Regel ein zu großer Braten. Deshalb wird man nur einzelne Bratenstücke erwerben, wobei der Rücken je nach Größe in zwei oder gar mehr Stücke zerteilt werden muß, damit er noch in die Bratenröhre paßt.

Im Durchschnitt wiegt ein mittlerer Rotwildrücken 12 bis 15 kg, ein Damwildrücken 7 - 10 kg, eine Rotwildkeule 10 bis 15 kg und eine Damwildkeule 7 - 14 kg. Vom Rücken ergeben 300 Gramm und von den Keulen 250 Gramm (Rohgewicht mit Knochen) reichliche Portionen.

Dem Rot- und Damwildbret älterer Tiere ist ein recht strenger Wildgeschmack eigen. Solches Wildbret muß entsprechend länger abhängen, etwa 8 - 10 Tage. Aber das besorgt der Jäger oder Wildhändler schon. Wir empfehlen, dieses Wildbret zusätzlich immer auch zu beizen. Gegebenenfalls ist eine entsprechend längere Bratzeit erforderlich. Wildbret vom *Schmalspießer* oder *Schmaltier* ist dem Rehwildbret gleichzusetzen.

Für das »kleine Jägerrecht«, also Herz, Leber, Lunge, Nieren, gilt das gleiche wie beim Rehwild: der Jäger, der das Tier erlegt hat, genießt ein Vorrecht auf diese Innereien. Fragen Sie ihn aber ruhig einmal danach.

Wir weisen besonders darauf hin, daß die Leber vom Hirschen, der während der Brunftzeit erlegt wurde, nicht zu empfehlen ist. Will man sie doch genießen, muß sie außerordentlich gründlich gewässert werden.

Decke	Fell
Schmaltier, Schmalspießer	1 1/2 bis 2 jährige Tiere

Wildlebertopf

Karin u Heide Michel

Die gewaschene, abgetrocknete Leber in etwa 1/2 cm dicke Streifen schneiden. Mehl, Stärkepuder, Salz, Pfeffer und 1 Teelöffel Curry in einer Schüssel mischen.

In einer großen Pfanne die feingehobelten Zwiebelringe mit Öl oder Margarine hellbraun dünsten und in eine bereitgestellte, flache Auflaufform geben.

Die kleingewürfelten Speckstücke ausbraten. Nachdem sie kroß sind, herausnehmen und auf die Zwiebelringe verteilen. In dem ausgebratenen Fett, das wegen der Spritzgefahr nicht zu heiß sein sollte, werden nun die in der Mehl-Gewürzmischung gewendeten Leberstreifen von allen Seiten kurz gebraten. Die Leber sollte innen noch rosig, aber nicht blutig sein. Zum Schluß einen Teelöffel Curry darüberstreuen und mit der Sahne übergießen.

Aus der Pfanne in die Auflaufform geben, mit dem Speck und den Zwiebeln vermischen, noch einmal abschmecken und ca. 10 bis 15 Minuten im Backofen durchziehen lassen.

Beilagen: Sehr gut schmeckt das Gericht, wenn noch gebratene Apfelringe daraufgelegt werden. Dazu wird Kartoffelbrei gereicht.

4 Personen

Zutaten

1	*Leber vom Frischling oder einem Hirschkalb*
200 g	*geräucherter, durchwachsener Speck*
5	*mittelgroße Zwiebeln*
3 Eßl.	*Mehl*
1 Eßl.	*Stärkepuder*
1 Becher	*süße Sahne*
20 g	*Öl oder Margarine zum Dünsten der Zwiebeln*

Zum Würzen

2 Teel.	*Curry*
1/2 Teel.	*gemahlenen Pfeffer*
1/2 Teel.	*Salz*

Hirschgulasch Süß-Sauer

Renate Brennecke

Das Fleisch von Sehnen befreien, in 1 cm dicke Streifen schneiden und mit Salz und Pfeffer würzen. In einer Pfanne das Öl erhitzen und das Fleisch hineingeben.

Zwischendurch wenden und die in Viertel geschnittenen Zwiebelscheiben anbräunen. Wenn das Fleisch und die Zwiebeln die gewünschte Bräune erreicht haben, die Champignons kurz mit anschwenken. Anschließend mit Rotwein und Brühe ablöschen. Weinbrand, Zitronensaft und alle anderen Zutaten, bis auf die Petersilie, unterrühren und das Ganze ca. eine halbe Stunde bei mittlerer Hitze köcheln lassen, bis das Fleisch gar ist. Noch einmal kurz aufkochen und mit der Mehl-Mondaminmischung abziehen, bis die Sauce die gewünschte Bindung erreicht hat.

Zutaten

800 g	*schieres Hirschfleisch*
2	*große Zwiebeln*
15	*große, frische Champignons*
6 Eßl.	*Speiseöl*
4 Eßl.	*Weinbrand*
	Saft einer halben Zitrone
1/8 l	*Rotwein*
1/2 l	*Wildkraftbrühe*
5 Eßl.	*Gewürzgurkenscheiben*
5 Eßl.	*feingeschnittene, sauer marinierte Rote Beete*
5 Eßl.	*frische Sahne*
2 Eßl.	*Mehl (mit Wasser vermischt)*
2 Eßl.	*Mondamin anrühren*

Zum Würzen

Salz und Pfeffer
Petersilie

Eventuell mit Salz und Pfeffer nachwürzen. Kurz vor dem Servieren die Sahne unterrühren, in einer Schüssel anrichten und mit Petersilie garnieren.

Als Beilage empfehle ich Patna Reis und Salate der Saison. Als Getränk eignet sich ein trockener Rotwein oder ein Weißherbst.

4 Personen

Eine Spezialität unter den Wildarten des Schaumburger Landes ist das Muffelwild. Eine Wildschafart, bei der die männlichen Tiere, die Widder, prächtige Schnecken tragen.

Den meisten Schaumburgern ist es völlig unbekannt, daß sich ein qualitativ hochwertiges Vorkommen von ca. 200 Tieren vorwiegend im mittleren und östlichen Teil der Bückeberge befindet. Davon müssen jedes Jahr etwa 50 - 80 erlegt werden, um den Bestand gleich zu halten.

Muffelwild liefert ein wohlschmeckendes Wildbret, insbesondere das junger Tiere ist eine Delikatesse. Es sind Lämmer, die zum Zeitpunkt der Bejagung dreiviertel ausgewachsen sind und 10 bis 15 kg wiegen, oder auch Schmalwidder und -schafe, die 1 1/2 bis 2 Jahre alt sind und 15 bis 20 kg wiegen. Ältere weibliche Tiere können um 25 kg, Widder 30 kg und mehr auf die Waage bringen. Man wird also abwägen müssen, ob man ein ganzes Tier erwirbt, was - wie immer - preiswerter ist, oder ob man einzelne Bratenstücke haben will.

Im Durchschnitt wiegt ein Muffelwildrücken 3 - 4 kg, eine Muffelwildkeule 3 - 5 kg; für eine normale Portion reichen 350 Gramm Rücken oder 250 Gramm Keule (Rohgewicht mit Knochen).

Man sollte nie vergessen, daß es sich bei dem Muffelwild um eine Schafart handelt, auch wenn sie in freier Wildbahn lebt. Falls Sie einmal eine Leber erhalten, entfernen Sie unverzüglich die Gallenblase. Ein bitterer Nachgeschmack wäre sonst die Folge. Die Leber eines *Brunftwidders* können wir nur "Hartgesottenen" empfehlen.

Brunftwidder Widder in der Paarungszeit

Muffel nach Art der Bückeberge

Aus dem Weißwein, den Gewürzen, dem geschnittenen Gemüse, 20 g Salz und den zerdrückten Knoblauchzehen wird eine Marinade bereitet und das Fleisch darin 24 Stunden eingelegt.

Das Fleisch herausnehmen, abtropfen, in heißem Öl anbraten, mit Essig ablöschen, das Gemüse und die Gewürze aus der Marinade hinzufügen und alles zusammen 10 Minuten schmoren lassen. Die Marinade hinzufügen und auf ca 1/3 verkochen lassen. Mit Mehl bestäuben, zudecken und ca. 50 Minuten garschmoren. Das Fleisch herausnehmen und warmstellen.

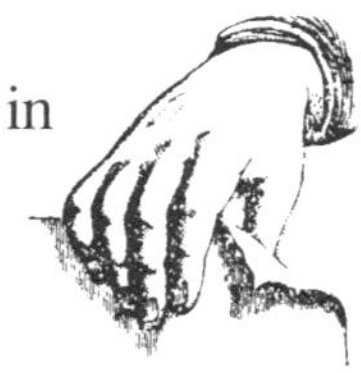

Den Bratenfond durch ein feines Sieb passieren, in einen ausreichend großen Topf geben und die Sahne hinzugießen.Zur richtigen Konsistenz einkochen und abschmecken.Die Fleischstücke in die Sauce geben, einmal aufkochen lassen, vom Herd nehmen und den Gin hinzugeben.

Beilagen: Salzkartoffeln, Birnen und Preiselbeeren, Rosenkohl.

Zutaten

2 kg	*schieres Muffelfleisch*
1 l	*trockener Rotwein*
1	*Weinglas Essig*
1	*Weinglas Öl*
2	*Schnapsgläser Gin*
200 g	*Zwiebeln*
50 g	*Sellerie*
50 g	*Mohrrüben*
2	*Knoblauchzehen*
10 g	*Thymian*
4	*Lorbeerblätter*
10 g	*Wacholderbeeren*
5 g	*schwarze Pfefferkörner*
10 g	*Mehl*
1/2 l	*Sahne*

6 Personen

Muffelbraten

Die Muffelkeule mit kaltem Wasser abspülen, trockentupfen und mit Salz und Pfeffer einreiben.

Zwiebeln grob würfeln, Möhren und Sellerie waschen und kleinschneiden.

Die Muffelkeule in einem großen Bräter mit Öl rundherum ca. 10 Minuten anbraten, das kleingeschnittene Gemüse und die Lorbeerblätter dazugeben und mit 1/4 l heißer Fleischbrühe aufgießen.

Das Ganze bei 220°C für ca. 90 Minuten braten. Während der Bratzeit die restliche Fleischbrühe angießen und den Bratfond überschöpfen.

Für die Sauce den Bratfond mit Wasser loskochen, in einen Topf sieben und aufkochen. Mit in kaltem Wasser angerührter Speisestärke binden, abschmekken und die saure Sahne unterrühren.

Beilage: Mit Preiselbeerkompott gefüllte Birnen, Pfifferlinge und Salzkartoffeln

Zutaten

2 kg	*Muffelkeule*
2	*Zwiebeln*
3	*Möhren*
1	*Sellerieknolle*
3 Eßl.	*Öl*
4	*Lorbeerblätter*
1/2 l	*heiße Fleischbrühe*
1/8 l	*Wasser*
1/8 l	*saure Sahne*

Zum Würzen

Salz
schwarzer Pfeffer
geriebene Zitronenschale

6 Personen

Das Schwarzwild ist in allen Wäldern des Schaumburger Landes heimisch und hat sich in den letzten Jahren, wie überall in Niedersachsen, stark vermehrt. Gute Eichel- und Bucheckernmasten, häufig gewordener Maisanbau und schneearme Winter, die die Bejagungsmöglichkeiten fehlen ließen, führten dazu.

Daß der nichtjagende Mitbürger es trotzdem in der Regel noch nie zu Gesicht bekommen hat, liegt daran, daß es noch stärker als die anderen Wildarten zum reinen Nachtwild geworden ist; nachts geht es dann allerdings in den Feldfluren zu Schaden. Deshalb muß es auch scharf bejagt werden: Im Landkreisgebiet kommen im Durchschnitt jährlich 250 bis 400 Wildschweine zur Strecke.

Wildbret des Schwarzwildes kann das ganze Jahr über in die Küche kommen, denn nach dem Jagdgesetz können *Frischlinge* und *Überläufer* das ganze Jahr über bejagt werden. Die Hauptjagdzeit ist aber Herbst und Winter. Nur *Bachen* und *Keiler*, die älter als zwei Jahre sind, genießen eine Schonzeit vom 1. Februar bis 15. Juni.

Das Schwarzwild

Keiler	männliche Tiere
Bachen	weibliche Wildschweine
Überläufer	1 bis 2 Jahre alte Tiere, 25 bis 60 kg schwer
Frischlinge	noch nicht ein Jahr alte Tiere, 10 bis 40 kg schwer, je nach Zeitpunkt der Erlegung im Jahr

Zwei Besonderheiten sind beim Schwarzwild zu beachten: Alles Wildbret muß einer Trichinenbeschau unterzogen werden (beim zuständigen Tierarzt oder amtlichen Fleischbeschauer, in der Regel wird der Jäger dafür sorgen).

Außerdem weist auch die Leber des Schwarzwildes eine Gallenblase auf. Sie ist in jedem Fall so rechtzeitig wie möglich zu entfernen, sonst schmeckt die ganze Leber bitter.

Wildschweinkeule

Die Wildschweinkeule waschen, enthäuten und danach mit einem Tuch trockenreiben. In einem großen Bratentopf die Butter langsam erhitzen. Die Keule mit Senf bestreichen, die gemischten Gewürze darüberstreuen und in einem Bratentopf von allen Seiten kräftig anbraten. Danach die Keule in den Bratofen schieben und solange braten, bis sich eine Kruste bildet.

1/2 Liter Fleischbrühe, die gewaschenen Möhren, Porree, Sellerie, Petersilie und die Zwiebeln in den Bratentopf geben. Die restliche Brühe während der Garzeit zum Braten gießen.

Die fertige Wildschweinkeule aus dem Bratentopf nehmen und warmstellen. Den Bratensatz mit der Brühe kurz aufkochen, durch ein Sieb in einen seperaten Topf gießen und weiterkochen lassen. Die Sauce mit etwas Mondamin andicken und mit Salz und Pfeffer abschmecken, zum Schluß mit Creme fraiche verfeinern. Den Braten noch ca. 15 Minuten bei 200°C schmoren, bis sich eine deutliche Kruste bildet. *Als Beilage:* Salzkartoffeln oder Kroketten, Apfelrotkohl, Pfirsich oder Birne mit Preiselbeeren.

8 - 10 Personen

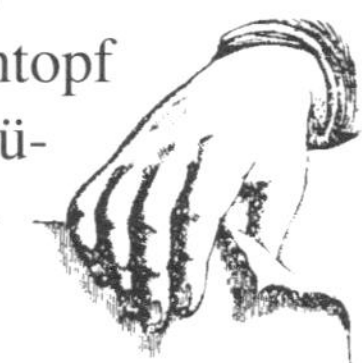

Zutaten

1	*Wildschweinkeule ca. 3 kg*
1 Glas	*mittelscharfer Senf*
1	*Stange Porree*
3	*Möhren*
2	*Zwiebeln*
1/4	*Sellerie*
1/2	*Bund Petersilie*
	Mondamin zum Andicken
	Creme fraiche/saure Sahne
	Butter zum Anbraten
1,5 l	*Fleischbrühe*

Zum Würzen

Salz
Pfeffer
Paprika
Chinagewürz

Frischlingskeule

Irmgard Jeske

Das Fleisch kräftig mit Salz und Pfeffer einreiben. Den Speck in 1 cm dicke Streifen schneiden und die Keule damit spicken. Das Öl im Bräter erhitzen und das Fleisch kräftig darin anbraten. Die Zwiebeln und das Suppengemüse grob würfeln, zum Fleisch geben und 10 Minuten bräunen lassen. Anschließend den Weißwein angießen und den Braten in den auf 200°C vorgeheizten Ofen auf die mittlere Schiene schieben. Die Bratzeit beträgt etwa 1 Stunde.

Nach und nach die heiße Fleischbrühe dazugeben und den Braten mit dem Fond häufig übergießen. Nach etwa 30 Minuten die saure Sahne über den Braten gießen.

Beilagen: Zu dieser Frischlingskeule sollten Apfel- und Preiselbeerkompott, Stockschwämmchen und Klöße gereicht werden.

Zutaten

1500 g	*Frischlingskeule*
100 g	*geräucherter, fetter Speck*
10 Eßl.	*Öl*
1	*große Zwiebel*
1 Bund	*Suppengemüse*
1 Teel.	*zerdrückte Pfefferkörner*
1 Glas	*trockener Weißwein*
750 ml	*heiße Fleischbrühe*
1/2	*Becher saure Sahne*
20 g	*Mehl*

Zum Würzen

Salz

6 Personen

Wildschweingulasch

Irmgard Jeske

Wildgulasch abspülen und auf Haushaltspapier trocknen. In eine Schüssel geben und mit Buttermilch übergießen.

Wacholderbeeren zerdrücken und mit den Pimentkörnern und dem Weinessig in die Buttermilch rühren. Fleisch zugedeckt 24 Stunden beizen lassen. Fleisch aus der Beize nehmen und mit Haushaltspapier trocken tupfen. Speck in Würfel schneiden, mit der Margarine in einem Topf erhitzen und in 5 Minuten glasig braten. Das Fleisch darin rundherum anbraten. Zwiebeln schälen, würfeln, in den Topf geben und glasig braten. Mit Salz, Pfeffer und Paprika würzen. Heiße Fleischbrühe angießen und zugedeckt 70 Minuten schmoren lassen. Rotwein und Speisestärke in einem Becher verquirlen, ins Gulasch rühren und aufkochen lassen. Das Gericht mit Salz, Pfeffer und eventuell Paprika abschmecken. Die Sahne unterrühren.

Beilagen: Rosenkohl mit Maronen und Spätzle oder Semmelknödeln.

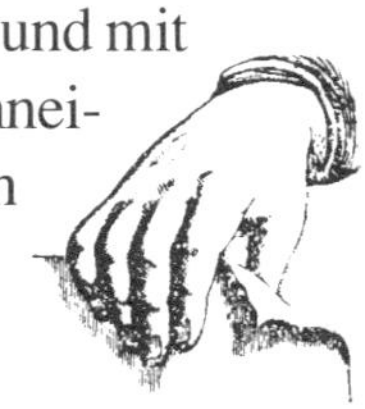

Zutaten

750 g	*Wildschweingulasch*
	Für die Beize:
1 l	*Buttermilch*
2	*Wacholderbeeren*
2	*Pimentkörner*
2 Eßl.	*Weinessig*
	Außerdem:
70 g	*durchwachsener Speck*
30 g	*Margarine*
1	*Zwiebel (40g)*
3/8 l	*heiße Fleischbrühe aus Würfeln*
1/8 l	*Rotwein*
2 Eßl.	*Speisestärke*
1/8 l	*Sahne*

Zum Würzen

Salz
weißer Pfeffer
Paprika, rosenscharf

4 Personen

Wildschweinbraten

Renate Bollhöfer

Die Wacholderbeeren mit Wasser bedeckt 5 Minuten quellen lassen. Das Fleisch waschen, abtrocknen, von Sehnen befreien und mit Salz und Paprikapulver einreiben. Die Speckscheiben ringsrum auflegen und mit den Nelken feststecken. Den Ofen auf 200° C vorheizen. Den Braten in dem Öl im vorgeheizten Ofen 45 bis 50 Minuten braten, herausnehmen und warmstellen.

Den Bratenfond mit Apfelsaft auffüllen und mit Mehl binden. Die beiden Konfitüren hinzugeben, abschmecken und soviel Bouillon hinzufügen bzw. verkochen bis die gewünschte Konsistenz erreicht ist.

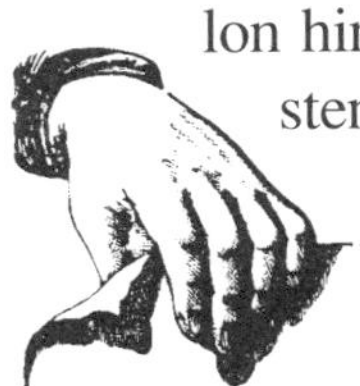

Den Braten aus dem Ofen nehmen, das Fleisch aufschneiden und bei Tisch mit dem Pfeffer bestreuen.

Die Sauce gesondert servieren.

Zutaten

1 - 1 1/2 kg	*Wildschweinrücken oder -keule*
10	*Wacholderbeeren*
150 g	*durchwachsener Speck*
10	*Gewürznelken*
1 Tasse	*Öl*
1 Eßl.	*Mehl*
1/4 l	*Apfelsaft*
4 Eßl.	*Preisselbeerkonfitüre*
4 Eßl.	*Hagebuttenkonfitüre*
1/4 l	*Bouillon*

Zum Würzen

1 Teel.	*Salz*
2 Teel.	*edelsüßes Paprikapulver*
2 Teel.	*schwarzer Pfeffer*

4 - 5 Personen

» Mondscheinansitz «

Walter Hulverscheidt

Sieben Meter überm Boden
In der Tasche sechs Zigarren,
Eingehüllt in meinem Loden,
Will ich hier auf Sauen harren.

Denn die Frühkartoffelstreifen
Sind schon böse zugerichtet,
Und der Hafer ist im Reifen
Stellenweise ganz vernichtet.

Hab' zufrieden und alleine
Manche Mondnacht hier verbummelt,
Schauend, was im Vollmondscheine
Sich um meinen Hochsitz tummelt.

Kaum, daß Laut und Lärm verklungen,
Raschelt es in meiner Nähe,
Und dem letzten Hütejungen
Folgen bald die roten Rehe.

Liebenswürdige Bekannte -
Gerade unter meinem Sitze
Kommt die alte Rickentante,
Äst vertraut mit ihrem Kitze.

Zwar der Bock am Wiesengraben
Windet, als die Meise kichert,
Doch er soll heut' Frieden haben
- Und die Büchse bleibt gesichert.

Klafternd streicht der graue Reiher
Hin zum Forst in schwerem Fluge,
Und die Enten auf dem Weiher
Locken sich zum Abendzuge.

Nacht liegt zwischen Busch und Bäumen
Rings auf dämmernden Gefilden,
Und mein Sinnen wird zu Träumen,
Wundersamen Spukgebilden.

Geisterhafte Urwaldrecken
Nahen nebelhaft verschwommen,
- Da - der Rehe wildes Schrecken
Meldet, daß die Sauen kommen.

Hei - das fährt mir in die Glieder,
Ha - da spitze ich die Ohren,
Grunzen, Brechen hin und wieder,
Rascheln, Knistern und Rumoren.

Gerad' jetzt unter meinem Sitze,
- Will mir fast den Hals verdrehen, -
Das Geraune und Geflitze,
- Keine Borste doch zu sehen. -

Gleißend strahlt die Mondeshelle,
Daß ich meine Uhr erkenne
Immer noch an gleicher Stelle
Das Geruschel und Gerenne.

» Mondscheinansitz «

Hat mich denn das Glück betrogen?
Schnell noch einmal rückwärts schauen!
Nein - da kommen sie gezogen,
Drei, vier, fünf, sechs - sieben Sauen.

Doch ich schwenke meine Mütze,
Leere meinen Lederbecher,
Fühle mich als Held und Schütze,
Waidmann und Kartoffelrächer!

Blitz und Knall und Donnerrollen
- Wie in polternder Empörung
Brüllt der Wald im Echogrollen
Ob der mitternächt'gen Störung -

Wildschweinepfeffer

Marlis Büttner

Die Wildschweinköpfe ca. 2 Stunden kochen, bis das Fleisch gar ist. Die Köpfe abkühlen lassen, das Fleisch absuchen und in Stücke schneiden. (Den Sud nicht verwenden)

Einen Topf mit ca. 4 l Wasser, etwas Salz, 2 kleingeschnittenen Zwiebeln, 1 Beutel Trockenpflaumen und 1 Beutel Rosinen zum Kochen bringen. Nach etwa 1/2 Stunde Kochzeit das Fleisch hinzugeben und durchkochen lassen.

Der Schweinepfeffer wird mit etwas Essig, Zucker und Pfeffer süßsauer abgeschmeckt. Mit Mehl wird das Gericht angedickt. Zum Schluß fügt man anstelle von Blut 1 Glas dunkle Süßkirschen hinzu.

Beilagen: Dazu werden gekochte Salzkartoffeln gereicht.

	Zutaten
1 - 2	*Wildschweinköpfe*
1 Beutel	*Trockenpflaumen (250 g)*
1 Beutel	*Rosinen (250 g)*
2	*Zwiebeln*
1 Glas	*schwarze Süßkirschen*
	Mehl zum Andicken
	Zum Würzen
	Salz
	Essig
	Pfeffer
	Zucker

4 - 6 Personen

Wildschweinragout

Das Wildbret vom Rücken auslösen, die Haut entfernen, waschen und gut abtupfen. Das Wildbret würfeln und in eine große Pfanne oder einen Bratentopf geben und anbraten. Die kleingeschnittenen Zwiebeln dazugeben und das Ganze so lange schmoren, bis das Fleisch keine rote Farbe mehr zeigt. Jetzt erst die Gewürze dazugeben und immer wieder durchrühren.

Wenn das Fleisch Sud gebildet und sich Fett abgesetzt hat, die Sahne hinzufügen und einkochen lassen. In die ''dicklich'' gewordene Sauce die Pilze hinzugeben und ca. 15 Minuten leicht garen lassen.

Beilagen: Klöße aus rohen Kartoffeln mit frischer Petersilie mischen; dazu Rotkohl oder Rosenkohl.

ZUTATEN

3-4 Pfund Wildschweinrücken
3 Becher Sahne
2 Zwiebeln
1-2 Gläser Pfifferlinge

ZUM WÜRZEN

Salz
Pfeffer
Paprika
Chinagewürz

4 Personen

Der Hase

Der Hasenbraten wird neben dem Rehbraten zweifellos als **der** Wildbraten schlechthin angesehen. Allerdings, im Schaumburger Land ist der Hase weniger geworden, wenngleich er weit davon entfernt ist auszusterben, wie einige Jagdkritiker behaupten.

In den letzten Jahren sind bei einer schonenden Bejagung etwa 1.400 - 2.400 Mümmelmänner alljährlich der Wildbahn entnommen worden, mit recht großen Schwankungen zwischen den Jahren, denn es gibt gute und schlechte Hasenjahre; gute, das sind warme und trockene Jahre, schlechte, das sind kalte und nasse. Insgesamt ist erfreulicherweise eine steigende Tendenz zu beobachten.

Generell gibt es zwei Methoden, wie man einen Hasen nach der Erlegung behandelt: Entweder wird er baldmöglichst ausgeworfen und auch sogleich zubereitet oder auch eingefroren. Oder man hängt ihn, je nach Witterung, einige Tage bis zu zwei Wochen unausgeweidet, d.h. noch mit den Eingeweiden, an der frischen Luft zum Abhängen auf. Keine Angst, das Blutserum verhindert ein Verderben des Wildbrets! Ein Abhängen eines ausgeweideten Hasen im Balg hätte ein Austrocknen des Wildbrets, u.U. auch einen bakteriellen Befall zur Folge. Das Wildbret alter Hasen sollte zudem in eine Beize gelegt werden.

Wie erkennt man nun, wie alt ein erlegter Hase in etwa ist? Dazu hier einige Tricks: Die *Löffel* junger Hasen lassen sich am äußeren Rand relativ leicht einreißen. Junge Hasen haben weiße, spitze Zähne, alte eher stumpfe und gelbliche. Schließlich kann

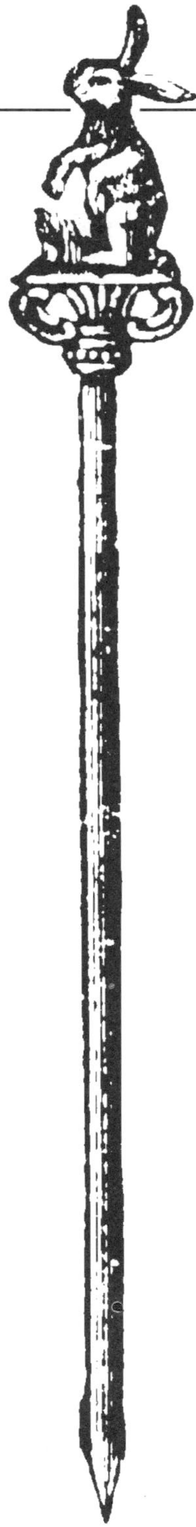

man an den Vorderläufen von Hasen im ersten Lebensjahr kurz über dem Vorderfußgelenk, am unteren Ende der Elle, eine knötchenförmige Verdickung fühlen, das sogenannte Stroh'sche Zeichen. In einer gut gehegten Niederwildjagd sollte das Verhältnis von den Jung- zu Althasen mindestens 2:1 sein. Das heißt, mindestens 2/3 der Strecke sollte aus Junghasen bestehen. Sind es mehr Althasen, schießt man die Substanz weg.

Ein Hase, mittelschwer, mit rund 4 kg Gewicht ergibt vier Portionen. Zu einem Braten werden nur der Rücken und die Keulen verwendet, den Rest verarbeitet man zu Gulasch oder Hasenpfeffer.

auswerfen	entfernen der Eingeweide
Balg	Fell
Löffel	Ohren

Hasenpfeffer

Den Hasen enthäutet und gewaschen in eine tiefe Schale legen. Weinessig, Öl, Rotwein, Salz, Pfeffer, Zwiebeln und das Lorbeerblatt in die Schale geben und den Hasen in dieser Beize 24 Stunden liegen lassen.

In einem Schmortopf den Speck auslassen, die Butter hinzufügen und die große Zwiebel darin weich dünsten. Das in Streifen oder Stücke geschnittene Fleisch in den Schmortopf geben und bräunen lassen, mit Mehl bestäuben, oft wenden und löffelweise (5-8 Eßlöffel) Beize hinzufügend ca. 30 Minuten schmoren lassen.

Zum Schluß die rohe Hasenleber durch ein Sieb streichen, mit 3 Eßlöffel Beize und der sauren Sahne verrühren, dem Ganzen hinzufügen und kurz aufkochen.

Mit Salz und Pfeffer, Johannisbeergelee und Preiselbeeren abschmekken.

Zutaten

1	*Hase*
1 Glas	*Weinessig*
1 Glas	*Öl*
1 Glas	*Rotwein*
2	*kleine, 1 große Zwiebel*
1	*Lorbeerblatt*
100 g	*Butter*
100 g	*Speck*
1	*Hasenleber*
1 Becher	*saure Sahne*
2 Eßl.	*Johannisbeergelee*
2 Eßl.	*Preiselbeeren*

Zum Würzen

Salz
Pfeffer

4 Personen

Hasenrücken flambiert

Klaus-Dieter Jeske

Den gut abgehangenen Hasenrücken waschen, trocknen, sorgfältig häuten, mit Salz einreiben und mit der Hälfte des Specks spikken. Den restlichen Speck in Scheiben schneiden und in die Fettpfanne geben. Den Hasenrücken darauf legen, die Butter darüber verteilen und im Backofen bei 200° C ca. 50 Minuten braten. Das Fleisch soll innen noch rosa sein.

Den Hasenrücken mit Rum übergießen, den Alkohol anzünden, das Fleisch wenden und auf eine vorgewärmte Platte geben. Einige zerdrückte Wacholderbeeren an den Bratensatz geben, die heiße Brühe dazugießen und den Bratensatz einkochen.

Die Sahne mit dem Mondamin verrühren, die Sauce damit binden und mit Salz abschmecken.

Beigabe: Kartoffelbrei, Kartoffelkroketten, Spätzle, Weinkraut, Selleriesalat, Schmoräpfel.

Zutaten

1	*großer Hasenrücken*
75 g	*fetter Speck*
50 g	*Butter*
1 Glas	*54%iger Rum*
5	*Wacholderbeeren*
1/4 l	*Brühe*
1 Becher	*saure Sahne*
1 Eßl.	*Mondamin*

4 Personen

Stilblüten aus der Jägerprüfung

Fach >> Behandlung des erlegten Wildes <<

Womit beginnt die Versorgung des erlegten Wildes?
- Mit dem ganzen Bruchfirlefanz

Darf das Wildbret eines Dachses von Menschen gegessen werden?
- Ja, wenn der Appetit darauf hat

Bei welchem Schuß ist die Gefahr, daß das Wildbret verdirbt, besonders groß?
- Beim Gallenblasendurchschuß

Was veranlassen Sie bei einem erlegten Fuchs, der tollwutverdächtig ist?
- Fuchs streifen und hygienisch verpacken und einschicken oder vorbeibringen
- Zwerchfell einsenden
- Zum Kreisveterinär bringen; dort wird der Fuchs verbrannt oder gekocht
- Kopf abtrennen, damit ich den übrigen Balg zum Gerben behalten kann

Was ist bei einem in der Rauschzeit erlegten Keiler beachtenswert?
- Er kann waidwund sein und den Erleger annehmen
- Brunftzeug entfernen
- Ein solcher Keiler schmeckt streng oder gar nicht
- Pinsel lüften

Wie hat sich der Jäger nach Erlegen eines wohl offensichtlich tollwütigen Fuchses zu verhalten?
- Er zieht die Schutzhandschuhe an, kuhlt den Fuchs sachgerecht ein, benachrichtigt dann die Abdeckerei. Diese holt den Fuchs wiederum aus dem vorübergehenden Grab und bringt ihn zum Tierarzt

Sie nehmen bei einer Treibjagd den von Ihnen erlegten Hasen auf. Was haben Sie zu tun, und wie wird er transportiert?
- Ich sage einem Treiber Bescheid
- Nach dem Ausdrücken hänge ich mir den Hasen an den Gürtel, und zwar so, daß er mir nicht ständig im Schritt herumbaumelt
- Entnässen und ausbreiten auf dem Wildwagen

Jägerprüfungen setzen einen großen Wissensumfang voraus. So bleibt es nicht aus, daß selbst gut ausgebildeten noch Fehler in ihren Prüfungsarbeiten unterlaufen, oder daß durch die Aufregung in der Prüfungssituation sprachlich nicht das herauskommt, was eigentlich gemeint war. Hier lesen Sie Kostproben aus schriftlichen Prüfungen. Meist sind die Pointen ungewollt - aber immer können Eingeweihte, gelegentlich auch Außenstehende, darüber schmunzeln, manchmal auch herzhaft lachen.

judicio

J. i.

Deutsch.	Englisch.	Französisch.	Jtalienisch.
Jagdhund.	hunting-hound.	chien de chasse.	cane da caccia.
Jäger.	huntsman.	chasseur.	cacciatore.
Igel.	hedge-hog.	hérisson.	riccio.
Iltis.	ferret.	furet.	faina.

Hasenrücken einmal anders

Elfriede Gresel

Das Fleisch hart an den Knochen entlang abschneiden, sorgfältig enthäuten und mit Mehl bestäuben. 50 g Butter bräunen und das Fleisch darin unter häufigem Wenden ca. 1 Minute braten.

Zum Schluß mit Salz und Pfeffer würzen, mit Weinbrand übergießen und flambieren. Das Fleisch auf einer vorgewärmten, besser heißen Platte anrichten.

Für die Sauce: Knochen zerhacken, Schalotten schälen und würfeln. 50 g Butter erhitzen und darin Knochen, Fleischreste und Schalotten braun braten. Mit einem Eßlöffel Mehl bestäuben, mit Essig ablöschen und auf 20 Prozent einkochen. Den Rotwein dazu geben und das Ganze noch 15 Minuten kochen lassen und danach durch ein Sieb gießen.

Die so vorbereitete Sauce mit den Blaubeeren zum Bratenfond rühren und kurz aufkochen. Etwas abkühlen, mit der Sahne verfeinern und abschmecken.

Dazu passen:

Semmelknödel, Kartoffelklöße oder Nudeln.

Zutaten

2	*Hasenrücken*
200 g	*Schalotten*
100 g	*Butter*
2 Eßl.	*Mehl*
1/4 l	*Weinessig*
1/2 l	*Rotwein*
1/4 l	*Sahne*
8 Eßl.	*Weinbrand*
60 g	*Blaubeeren*

Zum Würzen

Salz
Pfeffer

4 Personen

Hasenrückensteak

Gerda Lattwesen

Die Hasenrückenfilets werden vom Knochen gelöst, gehäutet, und über Nacht in Öl eingelegt; am nächsten Tag frisch abtupfen und in 2 - 3 cm dicke Scheiben schneiden.

Jetzt werden die Hasenrückensteaks von beiden Seiten kurz und scharf angebraten, mit Salz und Pfeffer gewürzt, fertiggegart (2 - 5 Min.) und auf eine warme Platte gelegt.

Aus dem Bratensatz wird die Sauce gefertigt. Man gießt die Brühe in den Bratensaft, fügt den Rotwein und die Wacholderbeeren hinzu und läßt alles zusammen kräftig durchkochen.

Nach Abkühlung wird die Sauce mit Salz, Pfeffer und Thymian abgeschmeckt, eventuell mit Mehl angedickt und mit der Sahne verfeinert. Danach legt man die Steaks in die heiße Sauce.

Als Beigabe empfehle ich Birnen mit Preiselbeeren und in Butter geschwenkte Spätzle.

Zutaten

2	*Hasenrücken*
1/4 l	*Öl*
1/2	*Becher saure Sahne*
1 Glas	*Rotwein*
1/2 l	*Brühe*

Zum Würzen

Salz
Pfeffer
Thymian
Wacholderbeeren

4 - 6 Personen

» Die Hasenkesselschlacht «

Walter Hulverscheidt

Wenn das Christkind neu geboren
Und das Jahr zur Neige geht,
Wenn der Dampfpflug festgefroren
Einsam auf dem Acker steht,

Wenn`s aus allen Kachelöfen
Sparsam raucht in klarer Luft
Und auf allen Vorwerkhöfen
Mieft vom Sauerfutterduft,

Wenn der Landwirtschaftskalender
Nichts als Düngerfahren rät,
Wenn im Forst der Vierzehnender
An den Futterraufen steht,

Wenn, frisch aus dem Rauch genommen,
Lieblich dir die Spickgans lacht,
Ist der große Tag gekommen
Für die Hasenkesselschlacht.

Schwiegersohn und beide Schwäger
Haben freundlichst zugesagt,

Onkel Fritz der alte Jäger,
Kommt natürlich auch zur Jagd.

Vetter Achim - selbstverständlich -
Hochberühmter Matador,
Aus der nahen Kreistadt endlich
Landrat und Bezirksmajor.

Selbst
- trotz schwerster Dienstgeschäfte -
Der Regierungspräsident
Und als frische Nachwuchskräfte
Leutenants vom Regiment.

Denn man soll ja doch bedenken:
Töchterchen ist hold erblüht!
Also muß man ihm was schenken
So für Herzchen und Gemüt.

Als nach nächt'gen Nahrungssorgen
Mümmelmann ins Lager strebt,
Als der kalte Wintermorgen
Sich aus Dunst und Dunkel hebt,

Rumpeln schwere Dreigespanne,
Treiberwehr und Schützenkorps,
Und dem braven Mümmelmanne
Kommt die Sache brenzlich vor.

Horch - die Jagd wird angeblasen,
Klappernd geht die Treiberwehr,
Und die kleinen flinken Hasen
Sausen ängstlich hin und her.

Vetter Achim - einfach prächtig -
Schon das Zusehn' ein Genuß,
Doch der Landrat pudelt mächtig
Meist auch mit dem zwoten Schuß.

Onkel Fritz mit List und Tücke
Bildet den gewohnten Sack,
Bloß nach rechts die große Lücke
Läßt er wohl aus Schabernack.

Auch die Leutnants machen Beute,
Kaum, daß mal ein Has' passiert,
Nur der Präsident scheint heute
Nicht besonders disponiert,

Hält sich aber unverdrossen.
Freilich, freilich der Major
Ist wohl noch nicht eingeschossen,
Hält wohl nicht genügend vor.

Schrote klappern - Horngeblase
» Treiber rein « und » Schützen halt «,
Und der letzte Flitzehase
Wird noch schnell vorbeigeknallt.

Weiter über Sturz und Breiten,
Bis der letzte Schuß verhallt,
Über die verschneiten Weiten
» Jagd vorbei « der Hornruf schallt.

Endlos reiht sich bald die Strecke,
» Jeder zehnte Krumme raus «,
Drüben an der Schafstallecke
Dampft nun schon der Frühstücksschmaus.

Silberblanker Sternenschimmer
Folgt dem blau-weiß-gold'nen Tag,
Und im warmen Gästezimmer
Steigt der Jäger in den Frack.

Und mit Herzlichkeit empfangen
Grüßt die Hausfrau - pelzverbrämt -
Töchterchen - mit Purpurwangen -
Lächelt mädchenhaft verschämt.

Nach der klaren Hühnerbrühe
Dankt der Jagdherr - tief bewegt -
Für die opfervolle Mühe,
Die sich jeder auferlegt.

Auf den Hasenkönig eben
- Vetter Achim - sowieso -
Stühlerücken, Gläserheben,
Waidmannsheil und Horrido!

Dann in markig-schlichten Sätzen
Weiß der König - tief gefühlt -
Den genoss 'nen Tag zu schätzen,
Während leis' der Braten kühlt.

Kognakduft - Havannawolke,
Mokkaschluck zur » Wolff und Sohn «,
Und dem lieben jungen Volke
Steht der Sinn nach Grammophon.

Mümmelmann, der weise Alte,
- Tapf'res kleines Hasenherz -
Sinnt in seiner Furchenfalte
Einsam über Freud' und Schmerz.

Hat auch heut' das Schrot erschlagen,
Die er emsig einst gezeugt,
Mümmelmann wird nicht verzagen,
Trotzt dem Schicksal ungebeugt.

Liegt auch rings auf weiter Erden
Feld und Heide tief verschneit,
Einmal muß es Frühling werden,
Und es naht die Rammelzeit.

Hasenrücken mit grünem Pfeffer

Brigitte Hesse-Rüssler

Die Hasenrücken salzen, in gestoßenem, grünem Pfeffer wälzen, bei kräftiger Hitze in der Hälfte der Butter ca. 15 Minuten rosa braten und warmstellen.

Die gehackten Zwiebeln, die Schalotten und das Lorbeerblatt in dem Bräter anbraten, mit Cognac, Weißwein und Essig ablöschen, den Wermuth hinzugießen und langsam einkochen.

Den Tomatenketchup beifügen, alles durch ein Sieb passieren, abschmecken und mit 2 Teel. zerdrücktem, grünem Pfeffer vervollständigen. Den Rücken mit dieser Sauce übergießen und mit halben, in der restlichen Butter gebratenen Bananen servieren.

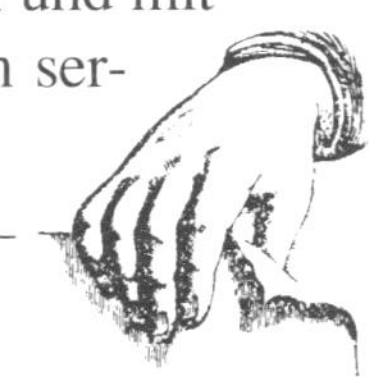

Zutaten

3	*Hasenrücken*
100 g	*Butter*
1	*mittelgroße, gehackte Zwiebel*
3	*gehackte Schalotten*
2 cl	*Cognac*
0,3 l	*trockener Weißwein*
1 Eßl.	*Essig*
1 Glas	*Wermuth*
1 Eßl.	*Tomatenketchup*
1	*Lorbeerblatt*
6	*Bananen*

Zum Würzen

Salz

grüner Pfeffer

6 Personen

»Der Braten«

Wilhelm Busch

Es wird mit Recht ein guter Braten
gerechnet zu den guten Taten;
und daß man ihn gehörig mache,
ist weibliche Charaktersache.
Ein braves Mädchen braucht dazu
mal erstens reine Seelenruh,
daß bei Verwendung der Gewürze
sie sich nicht hastig überstürze.
Dann zweitens braucht sie Sinnigkeit,
ja, sozusagen Innigkeit,
damit sie alles appetitlich,
bald so, bald so und recht gemütlich
begießen, drehn und wenden könne,
daß an der Sache nichts verbrenne.
In Summa braucht sie Herzensgüte,
ein sanftes Sorgen im Gemüte,
fast etwas Liebe insofern,
für all die hübschen, edlen Herrn,
die diesen Braten essen sollen
und immer gern was Gutes wollen.
Ich weiß, daß hier ein jeder spricht:
Ein böses Mädchen kann es nicht.
Drum hab' ich mir auch stets gedacht
zu Haus' und anderwärts:
Wer einen guten Braten macht,
hat auch ein gutes Herz!

Der Waidmann soll sein: gottesfürchtig, eines guten Gesichts, eines guten Gehörs, schneller Füße, nicht gebrechlich, eines gesunden Atems und laut vom Halse, dauerhaftig, wachsam, unverdrossen, unversoffen, treu, von reifem judicio, aufmerksam, gesunder und gerader Zähne, geschwind in seinem Vernehmen, unverzagt und nicht furchtsam;

er soll Liebe zu Hunden haben, die Reinlichkeit, zumal an seinem Gewehr, lieben, verschwiegen und nicht neidisch sein.

Viele Nichtjäger haben Schwierigkeiten, ein Wildkaninchen von einem Hasen zu unterscheiden. Dabei ist es ganz einfach: Das Wildkaninchen ist kleiner und kürzer als der Hase, sein *Balg* ist fahlgrau, der des Hasen rötlichbraun. Das Kaninchen gräbt sich unterirdische Baue mit vielen Röhren, der Hase pflegt in der *Sasse* den Tag über zu ruhen.

Im Landkreis Schaumburg ist der Besatz an Wildkaninchen großen Schwankungen unterworfen. Ursache dafür ist die Myxomatose, eine heimtückische Seuche, die periodisch seit dem Zweiten Weltkrieg immer wieder auftritt. Das Wildbret myxomatosekranker Kaninchen wäre für den menschlichen Verzehr geeignet, gleichwohl werden solche Tiere selbstverständlich nicht im Handel angeboten. Die Streckenergebnisse lagen in den letzten Jahren zwischen 400 und 900 Stück.

Für die Zubereitung in der Küche gilt das für den Hasen Gesagte, mit der Ergänzung, daß es beim Kanin noch wichtiger als beim Hasen ist, die Drüsen links und rechts der *Blume* zu entfernen. Sie würden dem gesamten Braten einen unangenehmen Geschmack geben.

Ein Wildkaninchen mit ca. 1,5 bis 2,5 kg Gewicht reicht für zwei Personen. Zum Braten werden ebenfalls nur der Rücken und die Keulen genommen.

Das Wildbret des Kanins ist rosa bis weiß, das des Hasen dagegen dunkel.

Balg Fell
Sasse flache Mulde
Blume Schwanz

Kaninchenragout

Brigitte Requardt

Das Kaninchen mit der Zwiebel, dem Porree und den Gewürzen in Salzwasser 1 Stunde kochen. Das Fleisch herausnehmen, von den Knochen lösen und in Würfel schneiden.

Aus Butter und Mehl eine Schwitze herstellen, Tomatenmark hinzufügen und mit Kaninchenbrühe ablöschen.

Champignons und Kaninchenfleisch in die Schwitze geben, mit Salz, Pfeffer, Nelken und Rotwein abschmecken und anrichten.

Als Beilagen empfehle ich Rotkohl und Spätzle.

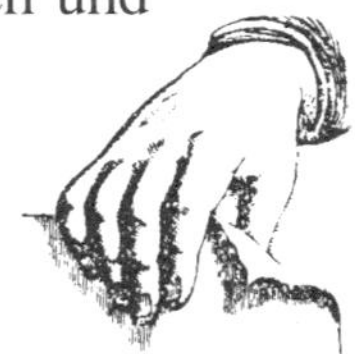

ZUTATEN

1	*küchenfertiges, gehäutetes Kaninchen*
1	*Zwiebel*
1	*Stange Porree*
2	*Lorbeerblätter*
4	*Pfefferkörner*
4	*Wacholderbeeren*
4	*Nelken*
	Salzwasser
40 g	*Butter*
50 g	*Mehl*
	Tomatenmark
1 Dose	*Champignons*
1 Schuß	*Rotwein*

ZUM WÜRZEN

gemahlene Nelken
etwas Fondor

4 Personen

Kaninchen im Römertopf

Brigitte Requardt

Das Kaninchen salzen und pfeffern. Den Speck in dünne Scheiben schneiden und den gewässerten Römertopf damit auslegen. Darauf das gewürzte Kaninchen legen und mit den restlichen Speckscheiben belegen.

Bei 250°C -ohne Vorheizen und ohne Flüssigkeit- 40 Minuten im Backofen anbraten. Danach das kleingeschnittene Suppengrün, die zerdrückte Knoblauchzehe und die übrigen Zutaten dazugeben und bei 220°C etwa 2 Stunden schmoren lassen.

Als Beilagen: Salzkartoffeln, Pilze, Birnen mit Preiselbeerkompott.

Zutaten

1	*küchenfertiges, enthäutetes Kaninchen*
125 g	*durchwachsener Speck*
1 Bund	*Suppengrün*
1 Tasse	*Rotwein*
1 Tasse	*Sahne (vorher anwärmen)*
1	*Knoblauchzehe*
1 Eßl.	*Tomatenketchup*
1 Prise	*Zucker*
1 Eßl.	*Orangenmarmelade*

Zum Würzen

Salz
Pfeffer
etwas Rosmarin

4 Personen

Geschmortes Kaninchen

Ingrid Stephan

Öl in einem Bräter erhitzen, die geschälten Knoblauchzehen darin dunkel anbraten und herausnehmen.

Die Kaninchenteile abtrocknen und von allen Seiten anbraten. Nach ca. 5 Minuten die geschälten, ganzen Schalotten dazugeben und mitbraten,bis sie braun sind. Alles mit Paprika überstäuben und anschwitzen.

Rotwein und Fleischbrühe aufgießen und mit Basilikum würzen. Das Kaninchen zugedeckt 25 Minuten schmoren lassen.Dann die Petersilie und die geputzten Champignons dazugeben. Das Ganze noch einmal 20 Minuten braten. Die Schmorflüssigkeit 5 Minuten einkochen lassen.

Beilagen: Dazu reicht man Salat und Salzkartoffeln.

Zutaten

1000 g	*Kaninchenteile*
6 Eßl.	*Olivenöl*
3	*Knoblauchzehen*
300 g	*Schalotten*
1 Eßl.	*Paprika, edelsüß*
1/8 l	*Rotwein*
1/8 l	*kräftige Fleischbrühe*
1 Teel.	*getrocknetes Basilikum*
1 Bund	*Petersilie*
300 g	*frische Champignons (möglichst kleine)*

4 Personen

Wildkaninchen im Topf

Klaus Lohmeier

Rücken und Keulen enthäuten, in Stücke teilen und 24 Stunden in einer Rotweinmarinade liegenlassen. Gut abtupfen, salzen, pfeffern, in Öl scharf anbraten und herausnehmen. Das Öl abgießen, mit 2 Eßl. der Marinade und dem Rotwein den Bratensatz ablöschen und zur Hälfte einkochen.

Die Speckstreifen blanchieren und die Mohrrüben halb gar dünsten. Kaninchenstücke abwechselnd mit den Speckscheiben, gewürfelten Zwiebeln, Mohrrüben und rohen Champignons in einen Römertopf füllen.

Den abgelöschten Bratensaft über den Inhalt des Topfes gießen, zudecken und bei mittlerer Hitze ca.50 Minuten im Ofen garschmoren. Im Römertopf mit gehackter Petersilie bestreut servieren.

Zutaten

1	*Wildkaninchen*
50 g	*Zwiebeln*
150 g	*Mohrrüben*
150 g	*Speckstreifen*
150 g	*kleine Champignon*
1 Glas	*Glas Rotwein*
	Öl
	gehackte Petersilie
20 g	*Butter*

2 Personen

Derzeit werden Sie heimische Rebhühner selten oder gar nicht angeboten bekommen - und das hat einen trifftigen Grund: Das Rebhuhn wird zur Zeit kaum bejagt.

Rebhühner sind keine ausgesprochenen Kulturfolger. Sie brauchen zu ihrem Wohlbefinden eine abwechslungsreiche, kleinparzellige Landschaft, in der es genügend Wildkräutersamen und auch Insekten für die Aufzucht ihren Jungen gibt. Durch die Umwandlung unserer Feldflure in reine Agrarsteppen, in denen unter massivem Einsatz von Mineraldünger, aber vor allem auch von Pflanzenschutzmitteln ein Maximum an Ertrag herausgewirtschaftet wird, hat das Rebhuhn eine einschneidende Verarmung seines Lebensraumes erfahren.

Dazu kam dann noch der sehr harte und lange Schneewinter 1978/79, in dem viele Rebhuhnbesätze dezimiert worden sind.

Seitdem bemühen sich die Jäger, aber auch viele Landwirte und Naturschützer, die Rebhuhnbesätze wieder ansteigen zu lassen. Sie schaffen dem Rebhuhn durch eine geeignete Hege, wie Anpflanzungen von Deckung, Zwischenfruchtanbau, Äsungsverbesserung durch Ackerrandstreifenprogramm und Grünbrache oder auch durch Fütterung im Winter, bessere Lebensbedingungen.

Der Erfolg ist schon sichtbar: Bei den jährlichen Zählungen konnte sowohl im Gebiet des Landkreises wie auch in ganz Niedersachsen eine Verdreifachung der Besatzzahlen in den letzten zehn Jahren registriert werden. In einem halben Dutzend Reviere im Landkreis wird -wie vor 20 Jahren- aus einem Besatz von 60 - 100 Hühnern pro Revier auch schon wieder maßvoll geerntet. Mehr als einige Dutzend Rebhühner sind es allerdings in den vergangenen Jahren im Kreisgebiet noch nicht gewesen.

Wenn das Rebhuhn hier dennoch unter den Wildarten für die Küche Erwähnung findet, so aus zwei Gründen: erstens gehört es zur traditionellen Wildküche, und zweitens lassen die erwähnten Hegebemühungen und Trendzahlen zur Besatzentwicklung erwarten, daß es in den nächsten Jahren wieder mit gutem Gewissen bejagt werden kann und vermehrt in der heimischen Küche verwertet wird.

Nach dieser langen, aber sicher notwendigen Vorbemerkung nun zur Behandlung des Rebhuhns in der Küche.

Auch beim Rebhuhn gilt die Faustregel, daß junges Wild zarter und saftiger schmeckt als älteres; dafür sind die älteren ergiebiger.

Zur Altersunterscheidung: Die jungen Rebhühner erkennt man an den gelblichen bis grauschwarzen *Ständern* , die alten an den grauen bis grauschwarzen. Zudem haben die jungen spitze Handschwingen, die alten abgerundete.

Rebhühner sollten möglichst bald nach dem Schuß vom Jäger *ausgezogen* werden, zumal weil die Jagd im September, also in der eher noch warmen Jahreszeit stattfindet.

Anschließend können sie gleich verarbeitet werden. Man kann sie aber unbesorgt, am Kopf hängend, einige Tage abhängen lassen, das erhöht ihren vortrefflichen Eigengeschmack. Erst vor der Zubereitung das Rebhuhn rupfen!
Ein Rebhuhn mit ca. 400 Gramm ist ausreichend für eine Person.

Anmerkung:
Die Rebhühner haben immer eine jährliche Jagdzeit gehabt, viele Jäger haben nur freiwillig in bestimmten Jahren auf eine Bejagung verzichtet.

Ständer Füße
ausziehen Entfernen der Eingeweide

Rebhuhn » Maigraben «

Leber und Magen der Rebhühner, Speck, Rindfleisch, Schalotten, Knoblauch und Petersilie in einer Küchenmaschine zerkleinern und die Farce mit Salz und Pfeffer würzen.

Das Eigelb mit dem Cognac aufschlagen, den kleingewürfelten Schinken, die gehackten Oliven, Thymian und Kümmel dazugeben und mischen.

Die Rebhühner mit dieser Mischung füllen, zubinden, mit Olivenöl einreiben und salzen.

Unter häufigem Begießen bei etwa 200 °C im Backofen ca. 45 Minuten braten.

Die abgetropften Paprikaschoten mit Knoblauch und Öl kurz dünsten. Die garen Rebhühner aus der Pfanne nehmen, den Bratensaft mit Weißwein ablöschen, noch einige kleingehackte Oliven dazugeben und 5 Minuten kochen.

Paprika rund um die Hühner verteilen und die Sauce über das Fleisch gießen.

Zutaten

4	*Rebhühner (je 300g)*
250 g	*geräucherter Speck*
250 g	*mageres Rindfleisch*
8	*Schalotten*
1 Bund	*Petersilie*
1	*Knoblauchzehe*
1 Glas	*Weißwein*
1	*Lorbeerblatt*
4 Scheiben	*roher Schinken*
2	*Eidotter*
1/2 Glas	*Cognac*
200 g	*schwarze Oliven*
500 g	*Paprikaschoten*
100 ccm	*Olivenöl*

Zum Würzen

Kümmel
Thymian

4 Personen

Rebhuhn , britisch/schaumburgisch

Klaus-Dieter Jeske

Die küchenfertigen Rebhühner mit Öl, Salz und Pfeffer einreiben, mit den Speckscheiben umwickeln, mit unbenutzten Zahnstochern feststecken und im Bräter in Butter anbraten.

Die Bouillon dazugießen und bei geringer Hitze 30 bis 40 Minuten schmoren.

Für die Sauce die Milch mit der geschälten Zwiebel aufkochen. Das in Würfel geschnittene Weißbrot dazugeben und ca. 5 Minuten mitkochen. Die Zwiebel entnehmen, Milch und Brot durch ein Sieb in eine Schüssel passieren, Butter und Sahne unterrühren und mit Salz, Pfeffer, Muskat, Zitronensaft abschmecken.

Beilagen: In Butter geröstetes Toastbrot und Preiselbeerkonfitüre.

ZUTATEN

4	*küchenfertige Rebhühner (ca. 300-400g)*
4 Scheiben	*geräucherter, fetter Speck*
80 g	*Butter, etwas Öl*
1/4 l	*kräftige, heiße Bouillon*
	für die Sauce:
1/2 l	*Milch*
4 Scheiben	*Weißbrot (ohne Kruste)*
40 g	*Butter*
1/2 Becher	*süße Sahne*
1	*große Zwiebel*

ZUM WÜRZEN

Salz
frisch gem. Pfeffer
Muskat
Zitrone
Cayennepfeffer

4 Personen

» Hurra - die Enten! «

Walter Hulverscheidt

Der Frühjahrsregen fiel zur rechten Zeit.
Im Mai, da regnet es Fruchtbarkeit.
Im Juni goß es dann im Überfluß.
Im Juli pladderte es Überdruß.
Sogar die Körnerernte faulte im August.
Doch für die Enten war es eine Lust.
Pack - pack - die Enten.

Der erste Märzenhasensatz ertrank.
Die Rehe werden leberegelkrank.
Die Rebhuhnküken kamen um - verklamt.
Die Jungfasanen starben allesamt.
Ja - für den Heger war's ein schlimmes Jahr.
Doch für die Enten war es wunderbar!
Pack - pack - die Enten.

Hallo - nun ist es Zeit zum Entenfall.
Dem » een sin Uhl « - des anderen Nachtigall.
Heut' fallen sie im letzten Abendlicht
Ins Haferfeld - wie Regentropfen dicht,
Mit hartem Schwingensausen Fall um Fall
Und fröhlich schrei' ich in den Flintenknall:
Hurra - die Enten!

Die Wildente

Schaumburg ist eine Landschaft mit recht viel Wasser. Wir haben die Weser, den Mittellandkanal, zahlreiche Bäche und vor allem Kiesteiche. So verwundert es nicht, daß auch reichlich Wildenten die Niederwildstrecken zieren: im Durchschnitt waren es alljährlich rund 1.300 Stück. Es sind fast ausschließlich Stockenten, die auf unseren heimischen Gewässern anzutreffen sind.

Wildenten sollten, wie alles Wild, schnellstmöglich ausgeworfen werden, da in der Regel durch die Schrote die Eingeweide verletzt sind und durch Keime und Verunreinigungen eine Beeinträchtigung des Wildbrets möglich ist. Wildenten sollten zudem möglichst frisch verzehrt werden, man sollte sie nicht abhängen lassen.

Eine Wildente mit einem Gewicht von ca. 800 Gramm ergibt zwei Portionen, wobei nur Brust und Keulen Verwendung finden; ansonsten ist eine Wildente ein » hohler Vogel «. Manche Jäger schneiden die Flügel, an denen nichts Eßbares dran ist, vor dem Rupfen ab. Zweifellos eine pragmatische Lösung, die allerdings dem Äußeren des Bratens nicht dienlich ist.

Wildente mit Apfelfüllung

Sophie Bock

Die Knoblauchzehe fein hacken, die Äpfel schälen und vierteln und beides in die Ente füllen.

Die Ente mit den Lorbeerblättern und 250 ml Wasser in eine Kasserolle geben und bei 200°C etwa 2 Stunden schmoren lassen. Während des Garens die feingeschnittene Zwiebel dazugeben und bräunen lassen. 125 ml Weißwein dazugeben und die Ente immer wieder mit dem Bratensatz übergießen. Die gegarte Ente auf eine vorgewärmte, besser heiße Platte legen.

Die Füllung mit dem restlichen Weißwein und dem Bratensatz aufkochen lassen, nach Bedarf mit etwas Mehl binden. Die Sauce mit Creme fraiche verfeinern, sobald sie aufgehört hat zu kochen.

Beilagen: Dazu werden Salzkartoffeln gereicht.

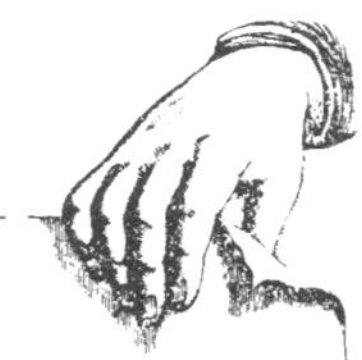

Zutaten

1	*Wildente*
1	*großer saurer Apfel*
1	*kleine Knoblauchzehe*
1	*Zwiebel*
2	*Lorbeerblätter*
2 Eßl.	*Creme fraiche*
250 ml	*Wasser*
250 ml	*trockener Weißwein*
1 Eßl.	*Mehl*

Zum Würzen

Salz
Pfeffer
Muskat

2 Personen

Liekweger Ente

Die küchenfertige Ente in zwei Brust- und zwei Keulenstücke teilen. Die vier Stücke mit Salz einreiben, in eine Fettpfanne legen und im Backofen etwa 60 Minuten bei 220° C braten. Zwischendurch nach Bedarf mit etwas heißem Wasser angießen.

Über die fertiggebratene Ente den Alkohol gießen, anzünden und danach die Stücke auf eine vorgewärmte Platte legen. Den Bratensatz mit dem heißem Wasser lösen und in einen Topf gießen. Die abgetropften Kirschen dazugeben und darin erhitzen. Mondamin mit dem Wein verrühren, die Sauce damit binden, mit etwas Zucker und Zimt abschmecken und über die Ente gießen.

Beigabe: Nach Wahl Kartoffelbällchen, Kartoffelpüree, Salzkartoffeln oder Reiskroketten.

Zutaten

1	*Wildente*
1/4 l	*Wasser*
1 Glas	*Cognac*
300 g	*eingemachte Sauerkirschen*
1 Teel.	*Mondamin*
2 Eßl.	*Weißwein*

Zum Würzen

Zucker
Zimt
Salz

2 Personen

Stadthäger Ententopf

Die gerupften, gesengten und ausgenommenen Enten sauber putzen und die Leber und Herzen beiseite stellen. Die Vögel 24 Stunden in Vollmilch legen, gut abtupfen, in Stücke schneiden und mit Essig, Salz, Pfeffer und Ingwerpulver einreiben. Die Zwiebeln in der Butter anschwitzen, die Entenstücken, Herzen, Leber, Champignons und Fichtennadeln hinzugeben, anbraten, mit dem Wein und soviel Wasser aufgießen, bis alles bedeckt ist, zudecken und langsam ca. 1 Stunde garkochen.

Nun nimmt man die Entenstücken, Herzen, Leber und Champignons heraus und legt sie in eine Servierkasserolle. Den Bratensatz mit Sahne verkochen, gut abschmecken und über die Enten gießen. Ist er zu flüssig, noch etwas einkochen oder mit Stärkemehl binden. In der Kasserolle noch einmal aufkochen und darin servieren.

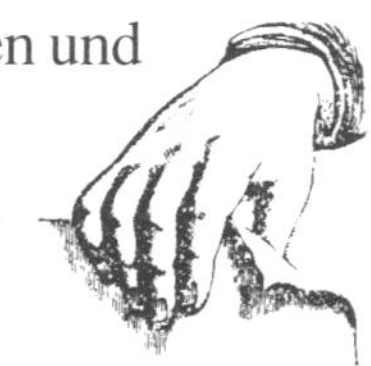

Beilagen: Gebratener Reis und in Butter gebratene Bananen, frischer Salat.

ZUTATEN

2	*kräftige Enten*
2	*Essig*
1	*gehackte Zwiebel*
100 g	*Butter*
1/2 Teel.	*Ingwerpulver*
1 Pfund	*Chamgignons*
	Leber und Herzen der Enten
1 Becher	*Creme fraiche*
1 Glas	*Rotwein*
	Saft einer Zitrone
20 g	*Zucker*
6 - 8	*Fichtennadeln*

6 Personen

Gebratene Wildente mit Rotkohl

Die geputzten Enten mit den zerteilten und entkernten, aber nicht geschälten Äpfeln und Backpflaumen füllen, salzen und unter häufigem Begießen mit dem eigenen Saft 1 1/2 Stunden braten.

Nach dem Herausnehmen das Fett abgießen und den Bratensatz mit etwas Wasser ablöschen. Von dem Bratfett und Mehl eine hellbraune Schwitze bereiten, mit dem abgelöschten Bratensaft auffüllen, würzen, durchkochen und passieren.

Den gewaschenen Rotkohl in Streifen schneiden, in Essig und Wasser andünsten und mit Salz, Pfeffer, Zucker und Johannisbeersaft 1 1/2 Stunden kochen und gut abschmecken. Die Ente tranchieren, anrichten und mit den Apfelstücken und Backpflaumen garnieren.

Beilagen : geröstete Kartoffeln.

Zutaten

2	*Enten*
4	*Äpfel*
200 g	*eingeweichte Backpflaumen*
30 g	*Butter*
25 g	*Mehl*
1 Kopf	*Rotkohl*
2	*Weingläser Essig*
2	*Weingläser Wasser*
2	*Weingläser Johannisbeersaft*
30 g	*Zucker*

4 Personen

Man unterscheidet vier Arten: die Ringeltaube, die Türkentaube, die Hohltaube und die Turteltaube. Die zwei letztgenannten sind ganzjährig geschont, so daß nur die beiden ersten in die Küche kommen können.

Ganz überwiegend werden Ringeltauben gejagt und erlegt. Im Landkreis Schaumburg sind es etwa 1.500 jährlich, mit steigender Tendenz. Sie haben sich als Kulturfolger, genau wie die Wildenten, gut mit der menschlichen Zivilisation arrangiert und gehören zu den Wildarten, bei denen der Jäger wegen ihrer Übervermehrung regulierend eingreifen muß.

Ringeltauben sollten sofort ausgeworfen werden, weil sie überwiegend in der noch warmen Jahreszeit erlegt werden. Denken Sie an den Kropfinhalt! Sie sollten frisch zubereitet werden (nicht abhängen lassen!). Auch hier gilt, daß junge Tiere ein besseres Wildbret liefern als alte.

Zwei Tips zur Altersbestimmung: Die jungen Tauben haben noch keinen ausgebildeten weißen Halsfleck (»Ringeltaube«), und sie haben gelbliche *Ständer*. Hat man dennoch ein älteres oder ganz altes Exemplar in die Küche bekommen, so hilft nur eins: in den Schnellkochtopf damit und gründlich gar kochen. Entweder kann man die Taube danach noch anbraten und als Braten servieren oder man macht gleich eine Suppe daraus.

Eine Wildtaube ist eine Portion für einen nicht sehr ausgehungerten Esser (Gewicht einer Ringeltaube ca. 500 Gramm, einer Türkentaube ca. 150-200 Gramm).

Ständer Füße

Was die Auster unter dem Wassergetier, ist der Fasan unter dem Federwild. Sein Wildbret, insbesondere das der jungen Tiere, ist eine ausgesprochene Delikatesse. Daß er diesen Ruf hat, hängt sicher auch damit zusammen, daß er inzwischen landauf, landab zur Rarität auf den Niederwildstrecken geworden ist.

Geschossen werden fast ausschließlich die Hähne mit ihrem schillernden, farbenprächtigen Federkleid und eher selten die graubraun gefärbten Hennen.

Auch in Schaumburg ist der Fasan weniger geworden. Im Durchschnitt werden im Jahr etwa 250 Tiere erlegt. Die Ausräumung der Landschaft und wohl auch das Überhandnehmen der Freßfeinde haben dem Fasan, wie fast allen Niederwildarten, stark zugesetzt.

Der Fasan sollte, nachdem er möglichst umgehend *ausgeworfen* worden ist, ebenfalls einige Zeit im Federkleid abhängen, um das Wildbret mürbe und den Eigengeschmack des Fasans noch intensiver zu machen (sonst schmeckt er wie ein Haushuhn). Zu diesem Zweck hängt man ihn an einer um den Hals gelegten Schlinge im Freien auf oder an einem anderen kühlen, luftigen Ort.

Das Alter erlegter Fasanen kann man hauptsächlich an zwei Merkmalen erkennen: zum einen ist das Brustbein bei jungen Tieren noch biegsam, bei alten kaum oder gar nicht; zum anderen sind die *Sporen* bei jungen Fasanen kürzer als bei älteren.

Ein mittlerer Fasan wiegt in der Regel 1 kg und reicht für zwei Personen.

auswerfen	ausnehmen
Sporen	Hinterzehen

Taubenfrikassee

Die Tauben waschen und halbieren. Das Wasser mit Salz zum Kochen bringen und das geputzte, kleingeschnittene Suppengrün und die Taubenhälften darin 60 bis 90 Minuten kochen. Das Fleisch herausnehmen und die Brühe durch ein Sieb gießen.

Für die Sauce das Fett zerlassen, die geputzten, feinblättrig geschnittenen Champignons darin dünsten. Die Taubenbrühe aufgießen und zum Kochen bringen. Die Sahne mit Mondamin und Eigelb verrühren und die Brühe damit binden. Die Sauce mit Pfeffer und Salz abschmecken. Das von den Knochen gelöste Taubenfleisch in Stücke schneiden und mit den gut abgetropften Spargelstücken in die Sauce geben.

Beilagen: Reis oder Salzkartoffeln.

Das Frikassee eignet sich auch als Pastetenfüllung hervorragend.

Zutaten

2	*Tauben*
3/4 l	*Wasser*
1 Bund	*Suppengrün*
50 g	*Butter*
125 g	*Champignons*
1/2 l	*Taubenbrühe*
1/4 l	*Sahne*
3 Eßl.	*Mondamin*
1	*Eigelb*
1	*kleine Dose Spargel*

Zum Würzen

Salz
Pfeffer

4 Personen

Tauben in Folie

Brigitte Hesse-Rüssler

Die Tauben der Länge nach durchschneiden und leicht plattieren. Die Kalbsleber zusammen mit den Taubenlebern durch die feine Scheibe des Fleischwolfs drehen und mit den feingehackten Champignons, der Petersilie und dem Schnittlauch vermischen.

Mit dem Eigelb und dem Paniermehl binden. Die Taubenhälften würzen, die Innenseite mit der Farce bestreichen und in Speck einwickeln.

Jede halbe Taube getrennt in ein mit Butter bestrichenes Stück Alufolie einwickeln und bei guter Hitze im Ofen 20 - 25 Minuten braten. Anrichten und die Folie erst bei Tisch öffnen.

Zutaten

2	*große Tauben*
100 g	*Champignons*
1 Eßl.	*gehackte Petersilie*
1 Teel.	*gehackten Schnittlauch*
100 g	*Kalbsleber*
1	*Eigelb*
1 Teel.	*Paniermehl*
6	*dünne Scheiben Frühstücksspeck*
40 g	*Butter*

4 Personen

Fasanen - Consommé »Chasseur«

Margrit Meyer

Suppengrün mit den anderen Gewürzen in einen großen Topf mit zwei Litern Wasser geben. Den kochfertigen Fasan hineinlegen und langsam erhitzen.

Das Ganze bei mittlerer Temperatur 1,5 Stunden ohne Deckel garziehen lassen.

Den Fasan herausnehmen, die Brühe durch ein Sieb gießen und diese in einem anderen Topf erwärmen.

Das Eiweiß sehr vorsichtig hineinrühren, damit die trübenden Schwebeteilchen gebunden werden. Danach die Flüssigkeit durch ein feines Sieb oder einen Kaffeefilter gießen und dabei einen weiteren Topfwechsel vornehmen.

Das Bratwurstfleisch und einen Fasanenschenkel pürieren. Die Masse miteinander vermengen, zu Klößchen formen und in der heißen Consommé garziehen lassen.

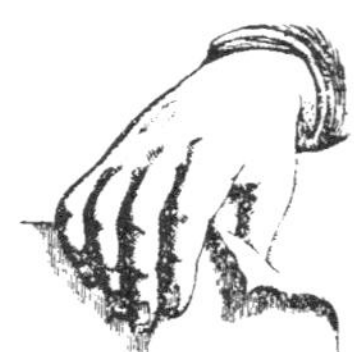

Auf Suppentassen verteilen und mit Salz- oder Käsegebäck servieren. Zusätzlich oder anstelle der Klößchen kann auch das feingewürfelte Brustfleisch verwendet werden.

Zutaten

1	*Fasan*
1	*Kalbsbratwurst*
1 Bund	*Suppengrün*
1	*Zwiebel*
1-2	*Eiweiß*
4	*Wacholderbeeren*
6	*Pfefferkörner*
1	*Lorbeerblatt*

Zum Würzen

Salz

4 - 6 Personen

Fasan in Cognac-Sahne

Monika v. Breitenbuch

Den bratfertigen Fasan vierteln, in Butter und Öl (je zur Hälfte) in der Pfanne schnell anbraten und in eine feuerfeste Form legen.

Im selben Bratfett die Zwiebeln, die zerkleinerte Knoblauchzehe und die geputzten Champignons andünsten und mit Hühnerbrühe, frisch gemahlenem Pfeffer und etwas Salz anschließend zum Fasan geben.

Bei 180°C ca. 1 Stunde im Ofen backen, den Cognac darübergießen und weitere 15 Minuten garen.

Kurz vor dem Anrichten die Sauce mit der Sahne verfeinern und mit etwas Thymian abschmecken.

Zutaten

1	*Fasan*
	Öl, Butter
3	*kleine Zwiebeln*
1	*Knoblauchzehe*
1/4	*Pfund frische Champignons*
2 Eßl.	*Hühnerbrühe (Würfel)*
4 Eßl.	*Cognac*
1/4 l	*frische Sahne*

Zum Würzen

Pfeffer
Salz
etwas Thymian

4 Personen

Was man über Gewürze wissen sollte

Die Gewürze gehören nicht zu den eigentlichen Nahrungsmitteln. Da wir sie aber dazu nutzen, die Speisen nicht nur wohlschmeckender, sondern auch verdaulicher zu gestalten, sind sie von größter Bedeutung, besonders für die » Wildküche «.

Gewürze entscheiden häufig über den Wohlgeschmack eines Gerichtes. Deren Kenntnis und der Umgang mit ihnen in » Kochtopf und Pfanne « ist von nicht zu unterschätzender Bedeutung!

DIE LAUCHE

Unter den bei uns wachsenden Gewürzpflanzen stehen die Zwiebel- oder Lauchgewächse an erster Stelle. Durch den besonders scharfen, intensiven und » nachhaltigen « Geschmack zeichnet sich der KNOBLAUCH aus, der sich in der Wildküche - inzwischen auch in Schaumburg - durchgesetzt hat.

Von milderem Geschmack sind die KÜCHENZWIEBEL und der PORREE, eine feinere Zwiebel ist die SCHALOTTE oder der ESCHLAUB; den mildesten Geschmack hat die ROKAMBOLE oder der SANDLAUCH.

Vom SCHNITTLAUCH wird nicht die Zwiebel verwendet, sondern die jungen, grünen Blätter.

Die Aufbewahrung der Lauche ist einfach. Sie werden in gut belüfteten Gefäßen gelagert, wo sie vor Feuchtigkeit und Frost geschützt sind.

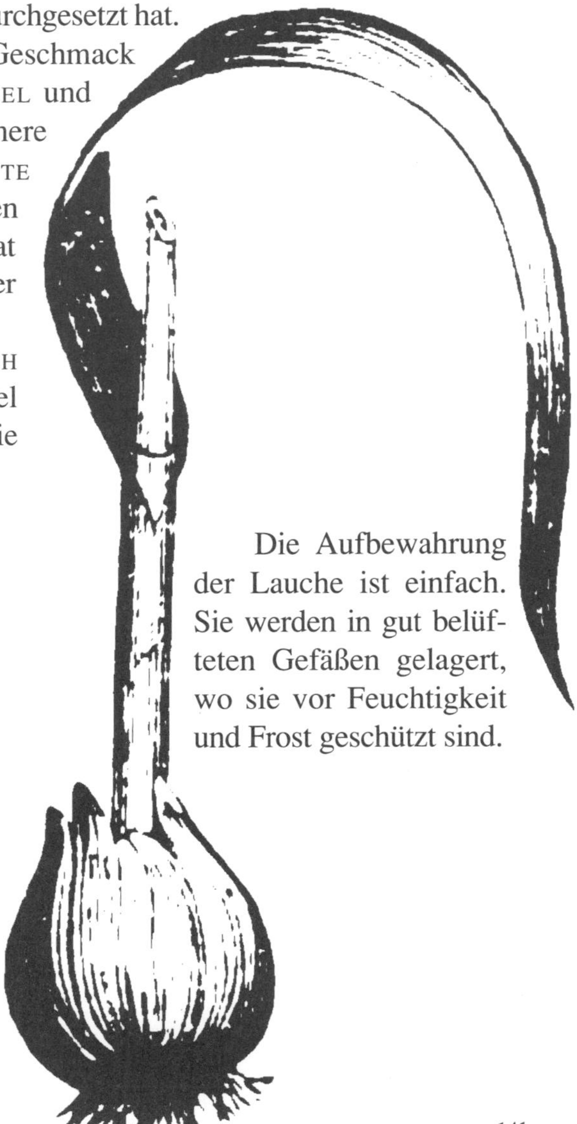

Knoblauch

Die Gewürzkräuter

Die Anzahl der Gewürzkräuter ist ebenso mannigfaltig wie ihre Verwendung. Die bekanntesten sind die Suppenkräuter: Petersilie, Porree, Sellerie und Mohrrübe (Möhre). Von der Sellerie verwendet man die Knolle und die ganz jungen, noch gelben Herzblätter; die großen, grün gefärbten Blätter geben den Speisen einen strengen Geschmack.

Die grünen Blättchen der Petersilie lassen sich nur schwer aufbewahren, denn getrocknet verlieren sie, wie kein anderes Kraut, ihren Geschmack. Eine hauseigene Petersilienanpflanzung im Blumentopf ist sinnvoll und praktisch.

Die anderen Kräuter: Majoran, Basilikum, Estragon, Bohnenkraut, Thymian, Salbei, Portulak können sowohl frisch wie auch getrocknet verwendet werden. Doch sollte man beim Gebrauch der Gewürzkräuter zurückhaltend sein, sonst könnten die mit viel Mühe und Sorgfalt bereiteten Speisen leicht streng, statt würzig schmecken.

Estragon

Die trockenen Gewürze

Die trockenen Gewürze entstammen zum größten Teil den heißen Zonen dieser Erde; die bei uns heimischen sind Kümmel, Fenchel, Anis, Koriander und Senf. Diese Gewürze sind mit Ausnahme des Senf nicht besonders scharf und unterscheiden sich dadurch von den exotischen.

Kardamon

Zu den bei uns gebräuchlichen exotischen Gewürzen gehören:

Der Schwarze Pfeffer, der Weisse Pfeffer , der Nelkenpfeffer, die Gewürznelke, das Lorbeerblatt, der Zimt, der Kardamon, der Ingwer, die Muskatnuss und die Muskatblüte.

Der Schwarze Pfeffer sind die noch unreifen Beeren des Pfefferstrauches, der weiße Pfeffer die reifen Beeren desselben Strauches, welche von den Schalen befreit sind.

Der Weisse Pfeffer ist ungleich schärfer als der schwarze Pfeffer und sollte deshalb nur in kleineren Mengen verwendet werden.

Gestoßenen Pfeffer sollte man in der nötigen Menge stets frisch mit der Pfeffermühle mahlen. Der Nelkenpfeffer ist noch milder als der schwarze, stammt auch von einer anderen Pflanze und vereinigt in sich den Geschmack des PFEFFERS, der NELKE und der MUSKATNUSS.

Er findet vielfach Anwendung und ist unter den verschiedensten Bezeichnungen bekannt: PIMENT, NEUGEWÜRZ, JAMAIKAPFEFFER, ALMODEGEWÜRZ, ENGLISCHGEWÜRZ, NELKENPFEFFER und GEWÜRZKÖRNER.

Die GEWÜRZNELKE,oder auch Nägelein, die noch unerschlossene, getrocknete Blüte des Gewürznelkenbaumes von den » Gewürzinseln « (Molukken) wird meist zu süßen Speisen, die herzhaft schmecken sollen, und für Beizen und Saucen verwendet.

Die LORBEERBLÄTTER dürfen, besonders da, wo man sie kocht, nicht so reichlich verwendet werden, weil sie den Speisen einen strengen Geschmack geben.

Der ZIMT, die getrocknete Rinde des Zimtbaumes, wird in Stücken oder gestoßen angeboten. Guter Zimt wird in dünnen Platten verkauft.

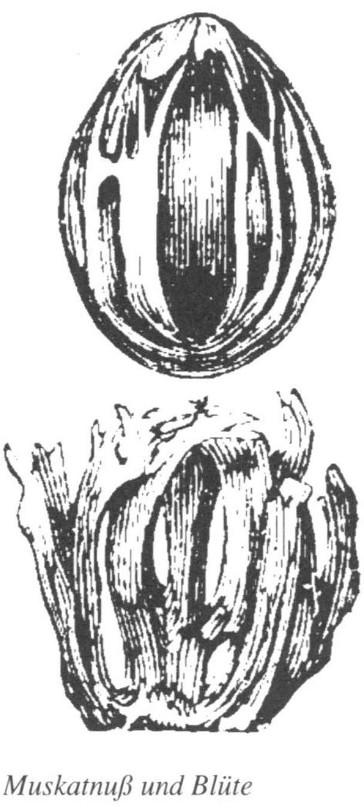

Muskatnuß und Blüte

Will man KARDAMON verwenden, so muß man die dreischaligen Kapselnerst öffnen, die Schalen entfernen und die darin enthaltenen Körnchen im Mörser zerstoßen.

Beim Einkauf von INGWER sollte man auf eine recht weiße Wurzel Wert legen.

MUSKATNUß und MUSKATBLÜTE werden von demselben Baum geerntet. Die letztere ist die Fruchthülle der Muskatnuß und bedeutend schärfer im Geschmack.

Die Muskatnuß wird beim Gebrauch auf einer Reibe gerieben, die Muskatblüte dagegen in einem Mörser zerstoßen.

Sehr scharfe und deshalb mit größerer Vorsicht zu verwendenden Gewürze sind der spanische Pfeffer und der Cayennepfeffer. Der erste kommt meist als getrocknete, rote Schote in der Handel.

Der Cayennepfeffer wird als gestoßenes Pulver mit unterschiedlicher Schärfe als Paprika angeboten. Ein Gewürzpulver, das den Paprika an Schärfe gleichkommt ist das Currypulver, ein Ragoutpulver, das eine Komposition aus Koriander, Kurkuma, Pfeffer, Ingwer, Zimt, Muskatblüte, Gewürznelke, und Cayennepfeffer ist. Es stammt aus Indien und wurde durch die Briten in Europa » küchenfähig «.

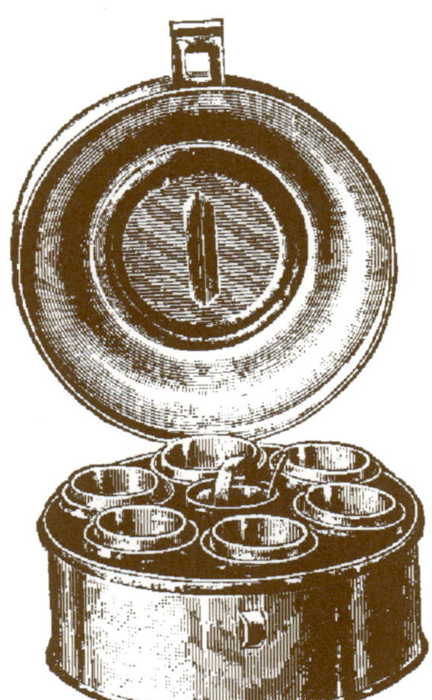

Die Kapern, Knospen des Kapernstrauches, kauft man nur in Gläsern.

Zur Aufbewahrung aller Gewürze sind nur luftdicht zu verschließende Gläser oder ähnliche Behältnisse geeignet. Große Vorräte an Gewürzen anzuschaffen ist nicht empfehlenswert.

Gewürze sollten vor der Verwendung in einem Mörser fein zerstoßen oder in der Handinnenfläche mit dem Daumen der anderen Hand zerrieben werden. Eine » ausgediente « elektrische Kaffeemühle leistet hierbei ebenfalls gute Dienste.

SUPPEN- UND SPEISEWÜRZEN

Die als flüssige, körnige oder als Würfel angebotene Suppen- und Speisewürze hat auch in der Wildküche ihren Platz und darf bei der Aufwertung einer » schlappen « Sauce oder Bouillon nicht unterschätzt werden. Sie ist wohlschmeckend, und sparsam verwendet, verändert sie den ursprünglichen Eigengeschmack einer Speise nicht, sondern hebt diesen bisweilen.

SENF ODER MOSTRICH.

Um Senf selber zuzubereiten, geht man folgendermaßen vor: Getrocknete Kräuter wie 20g Thymian, 20g Salbei, 20g Majoran, 10g Estragon und 50g Rokambolen oder Schalotten mit einem Liter Weinessig zum Destillieren aufstellen. Das Ganze 3-4 Tage in der Sonne oder an einem warmen Platz stehen lassen. Danach gießt man den Essig durch ein Tuch. Nun vermengt man 1 Pfund entöltes Senfmehl (zerstoßene Senfkörner), 100g Zucker, 10g Zimt, 10g Ingwer, 10g Nelkenpfeffer, 1g Fenchelsamen, fein gepulvert, miteinander und fügt von dem destillierten Weinessig soviel hinzu, bis man einen geschmeidigen, weichen Teig erhält.

Gewürz für Pasteten Terrinen und Gelantinen

40 g Thymian
20 g Lorbeerblätter
20 g Majoran
20 g Rosmarin
40 g Muskatblüte
40 g Nelken
40 g weißer Pfeffer
10 g Cayennepfeffer
40 g Ingwer
40 g Koriander
40 g Basilikum
35 g Piment
75 g Muskatnuß

Alle Gewürze gut trocknen, reiben, feinstoßen oder in einer elektrischen Kaffeemühle feinmahlen und in einem luftdichten Behältnis trocken lagern.

Gewürzsalz

Aus der eben beschriebenen Gewürzmischung läßt sich ein kräftiges Gewürzsalz herstellen, indem Sie 25 g der obigen Mischung mit 1kg feinkörnigem Salz mischen.

Nachdem die Nahrungsaufnahme heute in Mitteleuropa überwiegend mit Messer und Gabel vorgenommen wird und sich auch der Löffel im praktischen Umgang mit Suppen und ähnlich konsistenten Nahrungsmitteln » bei Tisch « bewährt hat, wird auch das wildbretspendende Tier nicht mehr mit roher Gewalt mit den Fingern unter Zuhilfenahme der Zähne und anderer Körperteile für die Festtafel zerlegt, sondern durch römisch und britisch/keltischen Einfluß kunstvoll tranchiert.

Richtig! Kunstvoll, denn das Tranchieren wurde bei den Römern zu den freien Künsten gezählt. Hierbei ist die Ableitung weniger kunstvoll tranchierter Fleisch- und Geflügelteile beim heutigen » fast food « auf die moderne Kunst und ihre Werke unzulässig.

Jeder freie Römer beherrschte die Kunst des Tranchierens, auch wenn er sich dafür extra teure Sklaven hielt. Da die Fleischtöpfe der freien Römer etwas größer waren und es nicht ungewöhnlich war, ein halbes oder ganzes Tier für die abendliche Vesper aufzutischen, war das Zerlegen und Vorschneiden des » Bratens « nicht leicht. Es mußte rasch geschehen, damit das Fleisch nicht kalt wurde und an Geschmack verlor. Außerdem sollte jeder Gast - das waren bei einem am Spieß gerösteten Wildschwein nicht wenige - ein heißes, saftiges und standesgerecht geschnittenes Stück Wildbret gereicht bekommen.

Bei den Römern wurden die professionellen Vorschneider » Scissores « genannt. Die Briten übernahmen so manchen römischen Brauch. Sprachlich nahmen sie ein Pärchen dieser schneidenden Künstler und machten ihre Schere » a pair of scissors « daraus.

Der größte britisch/keltische » Scissor « war kein geringerer als der sagenumwobene König Artus. In einer seiner edlen Tafelrunden servierte er seinen Rittern einen Pfau als Gastmahl, die » Speise der Tapferen «. Diesen Pfau tranchierte König Artus persönlich, und er tat es so geschickt, daß alle 500 Gäste einen Teil des kostbaren Vogels bekamen. Hierbei hat es sich offenbar um ein Riesenexemplar dieser Gattung gehandelt, oder Artus hat mit einem Skalpell gearbeitet.

Seit dieser Zeit sahen es Ritter und Fürsten als vornehmste Aufgabe an, Fleisch und Geflügel bei festlichen Gelagen selbst zu zerlegen.

Da die Braten etwas kleiner, die Anzahl der Gäste geringer, ausgebildete Sklaven aus verständlichen Gründen selten und vorbildliche Ritter und Fürsten rar geworden sind, wird das kultivierte Tranchieren heute kaum noch beherrscht.

Manch Schaumburger Wildköchin hat mit großer Gelassenheit das » Produkt « ihres wildjagenden Ehepartners aus der Decke, in den Backofen und auf den Tisch gezaubert. Doch wenn er dort liegt, der Braten, heiß, köstlich, kunstvoll garniert, aber » im Stück « kommt bisweilen Panik in die Schaumburger Wildküche.

In diesen Zugzwang sollten sich die Schaumburger Wildköchin oder Wildkoch nicht bringen lassen!

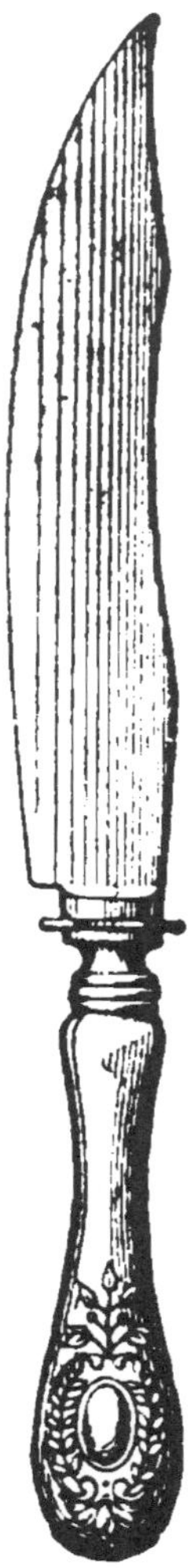

1. Grundsatz: Der Braten, das Geflügel etc. sollte vor dem Garnieren und Servieren tranchiert werden.

2. Grundsatz: Nur der wirklich perfekte und geübte » Scissor « sollte das Fleisch bei Tisch zerlegen. Denn selbst die delikateste Sauce nebst Hasenkeule trüben die Gaumenfreude Ihrer Tischnachbarin, wenn diese nicht auf ihrem Teller liegen, sondern ihr Dekolleté verzieren. Ein solcher » Vorfall « regt die allgemeine Unterhaltung bei Tisch allerdings enorm an.

3. Grundsatz: Wer über ein elektrisches Küchenmesser verfügt, sollte zum Tranchieren nur dieses benutzen. Durch den geringen Einsatz von Muskelkraft, selbst bei scharfen, dünnen Messern, ist der unbeabsichtigte Grad der Zerstörung Ihres köstlichen Wildbratens geringer.

4. Grundsatz: Mit dem dünnen Schneidbesteck, einer zweizinkigen Gabel, einem starken, kurzen Messer, einer Geflügelschere und einem Hackmesser mit Holzhammer, sollte nur auf einem Holz- oder Kunstoffbrett oder einem Holzstock tranchiert werden.

5. Grundsatz: Die Fleischfaser immer quer durchschneiden und das zerlegte Fleisch unbedingt auf einer vorgeheizten Platte anrichten.

Folgende Besonderheiten verdienen beim Zerlegen von Wild und Wildgeflügel Ihre Aufmerksamkeit:

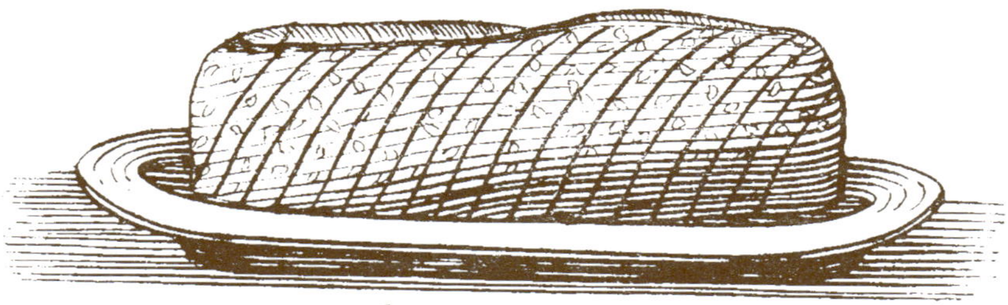

Hirsch-, Reh- und Wildschweinrücken

An beiden Seiten des Rückgrats bis an die Rippen tief einschneiden. Das Messer waagerecht drehen und das Fleisch von den Rippen trennen.Das Wildbret wird in schräge, fingerdicke Scheiben geschnitten und wieder auf den Knochen zurückgelegt. Das an der Innenseite liegende Filet sollte nicht vergessen werden.

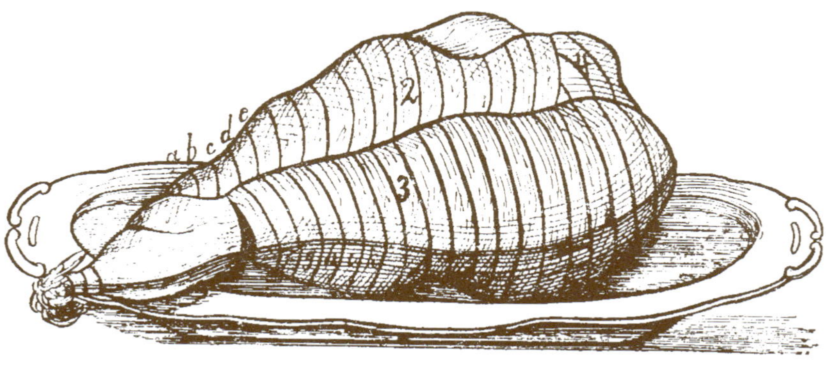

Hirsch- und Rehkeule

Das Wildbret wird schräg in gleichmäßig dicke Scheiben geschnitten und wieder auf die Keule gelegt.

Hase

Das Braten eines Hasen im Stück ist unzweckmäßig, da der Rücken erheblich weniger Bratzeit benötigt als die Keulen. Zuerst die Keulen mit einem kräftigen Hackmesser und einem Holzhammer abtrennen und in zwei Teile zerlegen. Den Rücken entweder in vier Teile hacken, oder wie beim Rehrücken verfahren und das Wildbret geschnitten wieder auf den Hasenrücken zurücklegen und servieren.

Kaninchen

Beim Kaninchen wird ähnlich wie beim Hasen verfahren, nur wird auf das Teilen der Keulen verzichtet und der Rücken stets in zwei bis drei Teile zerhackt.

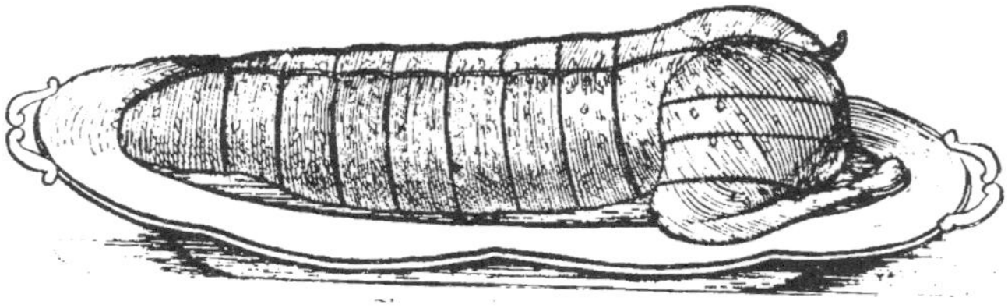

Kleines Geflügel

Rebhühner und Wildtauben werden mit einer kräftigen Geflügelschere der Länge nach in Hälften geteilt.

Großes Geflügel

Wildgans, Wildenten und Fasan teilt man in mehrere Stücke. Zuerst werden mit einem scharfen Messer die Keulen abgetrennt, indem man mit der Gabel in die Keule sticht und das Messer zwischen Keule und Brust einsetzt und die Keule mit dem daranhängenden Stück abschneidet. Dann folgen die Flügel, die mit ein wenig Brustfleisch abgetrennt werden. Die Brust wird der Länge nach mit der Geflügelschere durchschnitten und in drei bis vier Teile zerlegt oder in Scheiben geschnitten. Die Keulen werden, je nach Größe, in zwei bis vier Teile zerhackt.

Rotkäppchen und der böse Wolf

nach den Brüdern Grimm

Das Bild des Jägers im deutschen Volksmärchen

Ein Jäger ging eben an dem Haus vorbei und dachte, » wie die alte Frau schnarcht, du mußt doch sehen, ob ihr etwas fehlt. « Da trat er in die Stube. Als er vor das Bett kam, sah er, daß der Wolf darin lag. » Finde ich dich hier, du alter Sünder «, sagte er, » ich habe dich lange gesucht. «

Nun wollte er seine Büchse anlegen, da fiel ihm ein, der Wolf könnte die Großmutter gefressen haben, und sie wäre noch zu retten: schoß nicht, sondern nahm eine Schere und schnitt dem schlafenden Wolf den Bauch auf.

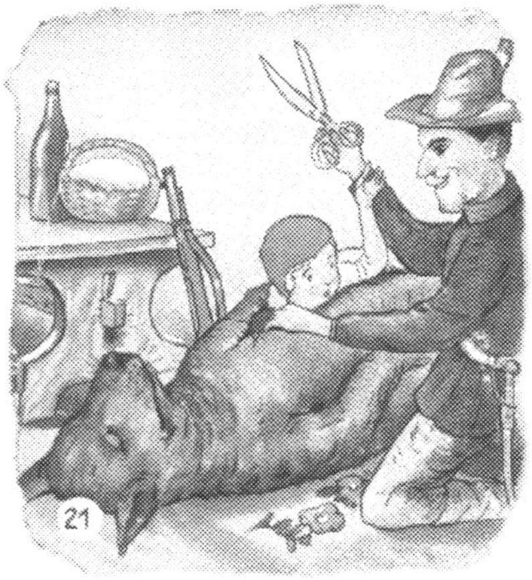

Nach ein paar Schnitten sah er das rote Käppchen leuchten, und noch einige Schnitte, da sprang das Mädchen heraus und rief: » Ach, wie war ich erschrocken, wie war's so dunkel im Leib des Wolfes! «

Dann kam die alte Großmutter auch noch lebend heraus und konnte kaum atmen. Rotkäppchen aber holte geschwind große Steine, um den Leib des Wolfes damit zu füllen.

Als er aufwachte wollte er fortspringen, doch die Steine waren so schwer, daß er tot niedersank. Da waren alle drei vergnügt, aßen Kuchen und tranken Wein.

Der Jäger zog dem Wolf den Pelz ab und ging damit heim.

Warum Jagd heute?

Diese Frage stellt sich eigentlich nur für jemanden, der nicht aus einem Jägerhaushalt kommt oder der nicht als Landbewohner noch weitgehend mit den natürlichen Abläufen in der Natur vertraut ist. Für viele andere Menschen, die z.B. in der Stadt leben oder die durch die weitgehende Spezialisierung in unserer Gesellschaft den Blick für die ursprünglichen Zusammenhänge verloren haben, ist die Jagd zum Anachronismus geworden, sie paßt scheinbar nicht mehr in unsere heutige moderne Zeit.

Wir alle sind Naturnutzer

Die Einteilung der Lebewesen, seien es nun Menschen, Tiere oder Pflanzen, in Schädlinge und Nützlinge, gehört zu den Grundirrtümern unserer Zeit und entspricht nicht den ökologischen Gegebenheiten.

Neuerdings werden die Menschen, einem » modernen « Trend folgend, von einigen Pharisäern, die sich deutlich von der breiten Masse der » Sünder « abheben wollen, in Schützer und Nutzer der Natur eingeteilt. So entsteht scheinbar unvermeidlich die Konfrontation mit den » anderen «, den Nutzern, von denen die Landwirte und die Bauingenieure als die schlimmsten angesehen werden, weil sie die Umwelt angeblich am meisten belasten, ihre Begründung: Landwirte spritzen Gift in die Natur, pflügen beim Ackern alles Leben mit unter und sind verantwortlich für öde, lebensfeindliche Monokulturen; Ingenieure verbauen die Landschaft mit Straßen, Häusern, Fabriken, ganzen Stadtteilen. Aus dieser Sicht werden auch die Jäger gesehen: sie entnehmen Tiere aus der Natur, indem sie sie töten.

Richtig dagegen ist: *Jeder* Mensch ist ein Nutzer der Natur. Beispielhaft mögen sich das nur einmal die Autofahrer vor Augen halten, die direkt oder indirekt als Nutzer dastehen und dabei vielfältige Schädigungen im Naturhaushalt bewirken. Direkt dadurch,

Ein Jäger, der nicht raucht und trinkt,
nicht spielt und frohe Lieder singt,
und niemals spricht ein Wort Latein -
das kann kein rechter Jäger sein!

daß Wirbeltiere wie Igel, Hasen oder Rehe überfahren werden, daß Tausende von Insekten und Kleinlebewesen an den Windschutzscheiben zerschmettert oder von den Reifen überrollt werden (jährlich sterben allein 200.000 Wildtiere den Verkehrstod). Indirekt, indem durch Straßenbau Lebensräume versiegelt, zerrissen und zerstört werden oder durch Benzinherstellung natürliche Rohstoffe verbraucht werden, deren Verbrennung zu erheblichen Störungen und Schädigungen führt (saurer Regen, Ozonloch).

Wie alle anderen Lebewesen sind wir eingebunden in die natürlichen Lebensvorgänge, die in einer ebenso genialen wie unerbittlichen Weise ablaufen.

Wer sein biologisches Fachwissen nicht aus Fernsehserien bezogen hat und deren vermenschlichender Sentimentalität erlegen ist, weiß, daß es überall in der Natur Jäger und Gejagte gibt, daß der Tod des einen das Überleben des anderen bedeutet. Unsere moralischen Gesetze können Naturgesetze nicht ändern, sie können nur die Methoden modifizieren, die wir anwenden, um ihnen zu gehorchen. Jeder von uns - auch wenn er meint, er sei ausschließlich ein Schützer - nutzt die Natur an jedem Tag: er wohnt in Häusern, die Pflanzen und Tieren den Lebensraum genommen haben, er trägt Kleidung aus Materialien, die wir entweder von Tieren oder Pflanzen gewonnen haben oder für deren Kunstfasern wir natürliche Ressourcen geopfert haben, er liest Bücher und Zeitungen, für deren Herstellung Wälder oder besser gesagt Holzäcker notwendigerweise angelegt wurden, er betreibt Hobbys z.B. in Form von Sport, Reisetourismus, die mehr oder weniger radikal in das Leben natürlicher Tier- und Pflanzengemeinschaften eingreifen.

Wir sind Wesen *einer* Schöpfung, vielleicht mit dem Unterschied, daß wir Menschen seit dem Sündenfall im Paradies (»Von allen Früchten dürft ihr essen, nur von denen dieses Baumes der Erkenntnis nicht! «) unsere Unschuld verloren haben.

Seitdem haben die Menschen in ihrem Bestreben, alles zu verbessern und zu beherrschen, es aus Unkenntnis der Systemzusammenhänge geschafft, einen Teil der natürlichen Abläufe empfindlich zu stören und die Vielfalt der Arten bedrohlich zu vermindern.

Umwelt- und Naturschutz kann daher nur bedeuten, mit allem, was uns umgibt, sorgsamer umzugehen und unseren Kenntnisstand über die Natur zu verbessern. Wir brauchen die Natur, aber die Natur braucht uns nicht!

Jagd und Naturschutz schließen sich nicht aus

Vorausgesetzt, es handelt sich um ehrlich besorgte, wenngleich mehr emotional als rational urteilende Zeitgenossen und nicht um die zweite Gruppe von Naturschutzextremisten, Systemveränderer und Befürworter radikaler Methoden der Auseinandersetzung, so wird schnell klar, daß beide, Jagd und Naturschutz, in die gleiche Richtung arbeiten.

Niemand stelle sich hin und verkünde, er sei ein Schützer, aber kein Nutzer!

Der gemeinsame Nenner zwischen Jägern und Naturschützern muß sein, daß die Nutzung sorgfältig, bescheiden und an den Nächsten, die Mitgeschöpfe und an kommende Generationen denkend sein muß. Jede andere Nutzung ist Raubbau!

Zu befürworten ist die Integration von tragbarer, nachhaltiger Nutzung und notwendigem Schutz, wobei die Nutzung, sofern sie überhaupt von der Situation in der Natur her zu vertreten ist, eine vernünftige Begleiterscheinung des Schutzes ist und nicht umgekehrt; der Schutz darf kein Selbstzweck sein!

Jäger haben dies eigentlich schon immer so gesehen - und vor allem auch nach dieser Maxime gehandelt!

Der Vorwurf, daß Jäger Wildtiere ausrotten oder auch nur bestandsgefährdete Arten bejagen, trifft heute nicht mehr zu. Die Bejagung aller Wildarten orientiert sich an den unterschiedlichen regionalen Gegebenheiten. Bei besonders gefährdeten Arten wie Auer- und Birkwild verzichteten die Jäger schon vor vielen Jahren

Stilblüten aus der Jägerprüfung

Fach »Jagdrecht und verwandtes Recht«

Wie kommt der Kreisjägermeister in sein Amt?
- Er wird von der Jägerschaft des Kreises gewählt, was oft nicht mit rechten Dingen zugeht. In unserem Kreis werden Vorabsprachen getroffen. Und sein Vertreter ist der Stellvertreter, meistens der Landrat.

Welche Arten von Jagderlaubnisscheinen kennen Sie nach dem Niedersächsischen Landesjagdgesetz?
- Mitpächter und Eier sammeln

Darf ein Spaziergänger im Oktober im Walde rauchen?
- Grundsätzlich nein. Ich kann dem Spaziergänger das Rauchen nicht verbieten, ich kann ihn höchstens ermahnen. Bei Ruppigwerden kann ich ihm Prügel androhen. Man nennt das Notstand.

Was ist ein Jägernotweg?
- Ein Weg, den der Jäger in höchster Not begeht, z.B. wenn er dringend ein Geschäft zu verrichten hat und auf dem Hauptweg durch Spaziergänger daran gehindert wird.
- Ein versteckter Weg, der ungesehen zur Falle führt.
- Wenn ich als Jäger nicht in mein Revier gelangen kann, z.B. ins Wattenmeer. Dann bekomme ich einen.

Welche Voraussetzungen führen zum Erlöschen des Jagdpachtvertrages?
- Wenn der Pächter sich unanständig verhält

Welche Wildarten unterliegen der Fleischbeschau?
- Alle Wildarten, die menschlich verzehrt werden

Was verstehen Sie unter den allgemein anerkannten Grundsätzen deutscher Waidgerechtigkeit?
- Das ästhetische Walten im Walde
- Daß man den Fasan nicht als Spaziergänger und den Hasen nicht in der Mulde schießt
- Das ritterliche Verhalten gegenüber Jagdgenossen. Das Wild ist auch als Jagdgenosse anzusehen.

Welches Ziel wird mit der Hege verfolgt?
- Einfach ausgedrückt, dem Wild das Leben so angenehm wie möglich zu machen.

Jägerprüfungen setzen einen großen Wissensumfang voraus. So bleibt es nicht aus, daß selbst gut ausgebildeten noch Fehler in ihren Prüfungsarbeiten unterlaufen, oder daß durch die Aufregung in der Prüfungssituation sprachlich nicht das herauskommt, was eigentlich gemeint war. Hier lesen Sie Kostproben aus schriftlichen Prüfungen. Meist sind die Pointen ungewollt - aber immer können Eingeweihte, gelegentlich auch Außenstehende, darüber schmunzeln, manchmal auch herzhaft lachen.

nicht nur auf eine Bejagung, sondern entwickelten auch Programme zur Renaturierung der Lebensräume dieser Vögel - mit erheblichem finanziellen Aufwand.

Andere werden freiwillig weniger bejagt, z.B. die Rebhühner. Eigentlich ist es ja auch ganz logisch und müßte jedem einleuchten: Kein Jäger rottet sein Wild aus, er will es ja schließlich nachhaltig nutzen! Also wird er immer darauf achten, daß in seinem Revier genug Wild zur Vermehrung übrig bleibt. Die Folge ist, daß in Deutschland, bedingt durch unser Revierjagdsystem und eben diese ideelle Einstellung der Waidmänner, schon teilweise wieder das Gegenteil von Ausrottung erreicht ist.

Tatsache ist, daß noch niemals so viele Wildtiere unsere Landschaft besiedelt haben wie in unserer heutigen Zeit.

Jagdliche Nutzung ist ein Rechtsgut

Das Jagdrecht ist gekoppelt an den Besitz von Grund und Boden. Über das grundgesetzlich abgesicherte Eigentumsrecht ist also auch das Jagdrecht legitimiert. Die Grundbesitzer verpachten es in der Regel als Jagdausübungsrecht an die Jäger. Wer am Jagdrecht rüttelt, rüttelt auch an unserer Grundordnung.

Nun hat der Grundbesitzer, in der Regel wird er Landwirt sein, oder der Pächter des Grund und Bodens den berechtigtenAnspruch, daß er eine Nutzung ohne Beeinträchtigung durch Wildschäden vornehmen kann. Auch ein Gartenbesitzer würde es nicht hinnehmen, wenn seine mühsam gezogenen Mohrrüben oder seine Erdbeeren oder Kartoffeln von Rehen, Wildkaninchen oder Wildschweinen gefressen oder umgewühlt würden.

Das Bundesjagdgesetz sieht deshalb als Ziel vor, »die Erhaltung eines den landschaftlichen und landeskulturellen Verhältnissen angepaßten artenreichen und gesunden Wildbestandes sowie die Pflege und Sicherung seiner Lebensgrundlagen «. » Beeinträchtigungen einer ordnungsgemäßen land-, forst- und fischereiwirtschaftlichen Nutzung, insbesondere Wildschäden, (sollen) möglichst vermieden werden « (Zitate aus §1 des Bundesjagdgesetzes).

Im Jagdgesetz ist außerdem ausdrücklich festgelegt, welche Tiere bejagt werden dürfen. Dies ist in einer »Positivliste « festgelegt; gejagt wird nur, was erlaubt ist. Das Jagdgesetz regelt darüber hinaus, welche jagdbaren Tierarten wann gejagt werden dürfen und wann nicht (Jagd- und Schonzeiten). Je nach Gefährdungsstand können die Bundesländer die Jagd auf bestimmte jagdbare Tiere einschränken oder ausdehnen.

Verstöße gegen diese Vorschriften werden streng geahndet. Das Jagdausübungsrecht des Jägers ist gekoppelt an den Besitz eines Jagdscheines. Um ihn zu erlangen, muß sich jeder Bewerber einer sehr umfangreichen Ausbildung in Theorie und Praxis sowie einer anschließenden Jägerprüfung unterziehen.

Nicht ohne Grund wird sie oft als »Grünes Abitur « bezeichnet. Jeder Jäger kann sich also mit Fug und Recht einen staatlich geprüften Sachwalter der Natur nennen - was die meisten der selbst ernannten Naturschützer nicht von sich behaupten können.

	Berufsgliederung der Jagdscheininhaber	Berufsgliederung der Revierinhaber
Hausfrauen	2%	2%
Auszubildende	3%	
Pensionäre/Rentner	4%	5%
Arbeiter	11%	2%
Freie Berufe	9%	11%
Handwerker	13%	10%
Kaufleute/Fabrikanten	10%	27%
Angestellte	16%	7%
Beamte	15%	6%
Landwirte	17%	30%

Durchschnitt
alte Bundesländer

Warum Jagd heute?

Jagd ist notwendig

Wir leben heute in einer vom Menschen geschaffenen und von ihm weitgehend dominierten **Kultur**landschaft und nicht mehr in einer ursprünglichen **Natur**landschaft, in der sich alles von selbst reguliert.

Der Mensch muß sich zu dieser Rolle bekennen und Verantwortung übernehmen. Er muß Tierarten, die sich aufgrund ihnen optimal zusagender Lebensräume stark vermehrt haben wie Rehe, Wildschweine, Wildtauben, Wildkaninchen, aber auch Möven und Elstern, reduzieren, weil die natürlichen Feinde dieser Tierarten wie Bär, Luchs, Wolf, Adler usw. nicht mehr vorhanden sind.

Anderen Tierarten wie dem Fischotter, dem Seehund, dem Auer- und Birkwild, usw. wird der Jäger seine Hilfe angedeihen lassen durch Schaffung neuer Biotope und Schutzprogramme.

Jagdrecht bedeutet gleichzeitig auch immer Pflicht zur Hege. Hege ist notwendig, wo sich die Natur nicht mehr im Gleichgewicht befindet, sie ist unerläßlich zum Ausgleich der negativen Einflüsse des Menschen auf die Natur und ihrer Lebensräume für Tiere. Gefährdet sind Tierarten nicht durch die Jäger, sondern durch die intensive Landnutzung, durch die industrialisierte Umwelt und das ungezügelte Freizeitverhalten.

Zur Hege gehört es auch, Wild und andere Tiere vor Futternot zu bewahren. Der Jäger tut dies nicht, um die Wildbestände zu vermehren und sie so intensiver bejagen zu können. Eine maßvolle und artgerechte Fütterung geschieht unter dem Gesichtspunkt der Waidgerechtigkeit, um in strengen Wintern dem Wild ein qualvolles Verenden zu ersparen.

Natürliche Regulation, wie viele Naturschutzideologen sie fordern, bedeutet im Klartext, daß das Reh oder das Rebhuhn verhungert und der Mäusebussard oder Graureiher entkräftet tot vom Baum fällt, wenn der Jäger sie nicht füttert.

Jagd bedeutet aber auch verantwortungsbewußte Nutzung natürlicher Ressourcen, wie sie auch der Landwirt, der Fischer oder

Stilblüten aus der Jägerprüfung

Fach »Hege und Jagdbetrieb«

Wie kann man dem Ohrenzwang vorbeugen?
- Keine Ahnung, ich habe so etwas noch nie gehabt

Nennen Sie Instrumente für die Lock-, Ruf-, und Reizjagd und damit zu bejagende Wildarten!
- Hasengeige für Fuchs

Gibt es Gesetze oder Bestimmungen, mit denen Vorschriften für die Hundehaltung erlassen werden?
- Jawohl

Wann ist die beste Baujagdzeit auf Fuchs?
- Januar bis März, dann wieder ab August, also eigentlich immer.

Was versteht der Jäger unter »himmeln«?
- Wenn ein Stück Federwild in die Lunge getroffen wurde, steigt das Tier gen Himmel, wo es bessere Luft zum Atmen hat, um sich eventuell zu erholen

Wie schützen Sie ein am Abend erlegtes Stück Rotwild, das erst am nächsten Morgen abtransportiert werden kann, vor dem Anschneiden durch Haarraubwild?
- Man löst sich rückwärts an mehreren Stellen neben dem Stück
- Koten und urinieren, solange man kann
- Auf jeden Fall mit Inbesitznahmebruch kenntlich machen, damit klar ist, daß vom Stück Besitz ergriffen wurde.

Was verstehen Sie unter einem Knieper?
- Einen Rot- oder Damhirsch mit kleinen Knüppeln auf dem Kopf

Wie stellt man bei lebendem Wild starken Magen- und Darmwurmbefall fest?
- An den traurigen Augen
- Am schmutzigen Stiegel (so nennt man den Arsch beim Reh)

Wie legt man eine Niederwildstrekke?
- Keine Ahnung, aber man muß vorher unbedingt den Abschußplan einhalten
- Die Jäger stehen vor der Strecke und sollen auf der rechten Seite liegen

Jägerprüfungen setzen einen großen Wissensumfang voraus. So bleibt es nicht aus, daß selbst gut Ausgebildeten noch Fehler in ihren Prüfungsarbeiten unterlaufen, oder daß durch die Aufregung in der Prüfungssituation sprachlich nicht das herauskommt, was eigentlich gemeint war. Hier lesen Sie Kostproben aus schriftlichen Prüfungen. Meist sind die Pointen ungewollt - aber immer können Eingeweihte, gelegentlich auch Außenstehende, darüber schmunzeln, manchmal auch herzhaft lachen.

der Forstmann betreiben. Die Körner in der Ähre könnte man auch zu Boden fallen oder die Vögel picken lassen, das Schwein oder den Fisch könnte man bis an ihr seeliges Ende leben und dann verwesen oder als Futter für andere Lebewesen nutzen lassen, den Baum könnte man nach seinem natürlichen Ende auch umfallen und der Verrottung anheimfallen lassen; all das wäre gewiß im Sinne der Naturgesetze, wäre Kreislauf der Natur.

Aber der Mensch gehört auch zur Natur und darf sich zu Recht all diese Produkte der Natur erst einmal aneignen, sie nutzen: die Körner als Brot, das Fleisch als Mittagessen, den Baum als Brett oder Balken. Ohne Jäger stirbt das Wild auch, aber sein Wildbret (in der alten BRD jährlich 16.000 t, Wert 220 Mio. DM) ginge für die menschliche Nutzung verloren.

Jagd ist verantwortbare Naturnutzung und angewandter Naturschutz

Der Jäger tötet nicht wahllos, wenn er Wild erlegt (»...schießt das Wild daher, gleich wie es ihm gefällt. «), vielmehr hat er die aufgrund Bestandsschätzungen aufgestellten behördlichen Abschußpläne genau einzuhalten. Er tötet auch nicht aus Selbstzweck, aus Lust, wie vielfach unterstellt wird, auch wenn es gar nicht geleugnet werden soll, daß bisweilen die Überlistung und Erlegung eines mit hervorragenden Instinkten ausgestatteten und lebenserfahrenen Stückes Wild große Befriedigung, um nicht zu sagen Stolz und Freude im Jäger aufkommen läßt. Aber dem stehen viele Erlegungen von Wild gegenüber, die der Jäger pflichtgemäß zur Reduktion von überhöhten Wildbeständen oder um dem Wild Qualen zu ersparen, vornimmt, und da kann von Lust keine Rede sein.

Für den echten Waidmann gilt sowieso, daß auf eine Stunde glückhaften Jagens neun Stunden Arbeit für die Hege und Pflege des Wildes und seines Lebensraumes anfallen.

In der heutigen Zeit ist Jagd auch in dem Sinne angewandter

Wer einen Fuchs überlisten will, muß früh aufstehen.

Naturschutz, als sie dazu beiträgt, unsere vom Waldsterben bedrohten Wälder bei der Verjüngung, dem Nachziehen einer neuen Baumgeneration zu schützen.

Das Waldsterben wird nicht durch Tiere, sondern durch Umweltbelastungen, insbesondere aus der Luft, verursacht. Waldpflanzen wurden schon immer von Rehen und Hirschen gefressen, ohne daß es dem Wald geschadet hat.

Überhöhte Wildbestände können aber die notwendige Erneuerung der sterbenskranken Wälder be- oder sogar verhindern. Deshalb muß der Jäger über erhöhte Abschußzahlen hier zeitlich begrenzt gegensteuern,bis - hoffentlich bald - eine Besserung erreicht ist und ein gesunder Wald auch wieder mehr Wildtiere beherbergen und ernähren kann.

VOM TÖTEN AUF DER JAGD UND IM SCHLACHTHOF

Der Tod wird in unserer lebenshungrigen Gesellschaft verdrängt. Viele Menschen mögen die Jäger deshalb nicht, weil sie » wehrlose Tiere « töten. Die gleichen Menschen konsumieren vorbehaltlos Fleisch von Tieren, die oft nicht artgerecht gezüchtet und gemästet werden und als Wirtschaftsgüter behandelt werden.

Dazu eine Zahl: In den alten Bundesländern werden jährlich 600 Millionen Wirbeltiere (Rinder, Schweine, Hähnchen, Enten etc.) geschlachtet und verzehrt - bei einer Bevölkerung von gut 60 Millionen bedeutet das, daß für jeden von uns durchschnittlich 10 Tiere pro Jahr getötet werden. Vielleicht kennt nicht jeder diese Zahl, aber fast jeder ist daran am täglichen Essenstisch beteiligt: mit Schnitzel, Kotelett, Wurst, Aufschnitt, Hähnchen, Bratwurst, usw.

Der Anblick von zartrosanem, saftigem Fleisch in der Vitrine des Fleischerfachgeschäftes oder Supermarktes schreckt im allgemeinen niemand - nur wie die leckeren Braten dort hingekommen sind, dafür interessiert sich kaum jemand. Dies wird wiederum verdrängt und gegen Bezahlung delegiert.

Sie, die Landwirte und Schlachter, die das Vieh, das schließlich die Fleisch- und Wurstwaren liefert, erst gezüchtet, gemästet und geschlachtet haben, müssen sich dann dafür auch noch beschimpfen lassen oder man blickt von oben herab auf sie: Tierquäler! Mörder! Wir erkaufen uns unser gutes Gewissen.

Das Gefühl der Verantwortlichkeit für die Natur als Ganzes ist jagdliches Allgemeingut, der Hegegedanke rangiert bei der Mehrzahl der Jäger vor dem Wunsch zum Beutemachen. Der heutige Jäger, besser Waidmann, versteht sich als Regulator und pfleglicher Nutzer reproduktionsfähiger Naturgüter, er betätigt sich, gut ausgebildet und neuen Erkenntnissen gegenüber aufgeschlossen, als verantwortlicher Sachwalter der Natur gegenüber den behördlichen Institutionen und der Gesellschaft.

In diesem Sinne fällt die Antwort auf die eingangs gestellte Frage »Warum Jagd heute?« nicht schwer: Weil sie legitim ist und weil sie notwendig ist.

Anschriften der Wildköchinnen und -köche

Heinz-Dieter Ahrens
Echtorf Nr. 40 A
3061 Seggebruch
05724 / 51376

Ute Bernhardt-Pätzold
Bahnhofstr. 13
3060 Stadthagen
05721 / 77515

Sophie Bock
Osterfeldstr. 17
3052 Bad Nenndorf
05723 / 2434

Renate Bolhöfer
Am Kloster 1
3260 Rinteln 6
05751 / 2846

Monika v. Breitenbuch
Rittergut Remeringhausen
3060 Stadthagen
05725 / 1561

Anschriften der Wildköchinnen und -köche

Renate Brennecke
Meinser Str. 10
3062 Bückeburg
05722 / 21654

Roswita Freise
Hauptstr. 73
3255 Pohle
05043 / 2627

Marlis Büttner
Preußenweg 21
3262 Auetal 4
05753 / 595

Elfriede Gresel
Am Eichkamp 14
3053 Haste
05723 / 8453

Stefan Demps
Arndtstraße 8
3062 Bückeburg
05722 / 4568

Brigitte Hesse-Rüssler
Feldweg 314
3065 Nienstädt
05721 / 6685

Melitta Drewes
Rusbender Str. 10
3062 Bückeburg-Warber
05722 / 1672

Horst Hesse
Feldweg 314
3065 Nienstädt
05721 / 6685

Elisabeth Fickendey-Engels
Gut Südhagen
3262 Auetal 6
05752 / 807

Regina Hildebrandt
Bahnhofstr. 37
3060 Stadthagen
05721 / 2797

Anschriften der Wildköchinnen und -köche

Irmgard Jeske
Meierfeld 39
3260 Rinteln 5
05751 / 41707

Klaus-Dieter Jeske
Meierfeld 39
3260 Rinteln 5
05751 / 41707

Margret Kranitz
Kleiner Kroll
3260 Rinteln 5
05751 / 44456

Gerda Lattwesen
Im Ohr 7
3053 Hohnhorst 2
05723 / 8625

Klaus Lohmeier
Niedernstr. 35
3060 Stadthagen
05721 / 6562

Margit Meyer
Am Salinenplatz 12
3054 Apelern-Soldorf
05723 / 3095

Karin H. Michel
Hauptstr. 29
3061 Pollhagen
05721 / 4260

Assi Möller
Vornhägerstr. 7
3060 Stadthagen
05721 / 2791

Brunhilde Noltemeiner
Hauptstr. 26
3255 Pohle
05043 / 402

Friederike v. Oheimb
Rittergut Enzen
3060 Stadthagen
05721 / 79377

Anschriften der Wildköchinnen und -köche

Brigitte Otto
Steinbrink 27
3260 Rinteln 13
05751 / 42391

Ingrid Stephan
Dauestr. 2a
3260 Rinteln 1
05751 / 42188

Astrid Platte
Lindenstraße 4
3255 Pohle
05043 / 1423

Ilse Thürnau
Ehler Str. 2
3060 Stadthagen
05721 / 79141

Elisabeth Quade
Waldstr. 25
3060 Stadthagen
05721 / 3579

Lotti Wagener
Schaumburger Weg 53
3060 Stadthagen
05721 / 3564

Brigitte Requardt
Hinter der Exter 7
3260 Rinteln 5
05751 / 44511

Silva Schoof
Kirchhorsterstr. 4
3065 Nienstädt
05724 / 8431

Bezugsquellen für Wildbret

Die nachfolgend aufgeführten Damen und Herren des erweiterten Vorstandes der Jägerschaft Schaumburg stehen als Kontaktadressen zur Verfügung, um Nachfragen nach Wildbret der unterschiedlichen Wildarten befriedigen zu können, indem sie z. T. auf eigene Reviere, vor allem aber auf Reviere anderer Jäger innerhalb der Hegeringe verweisen. Die aufgeführten Forstdienststellen können Wildbret auch in größeren Mengen anbieten, insbesondere der größeren Schalenwildarten wie Hirsch, Wildschwein, Muffel, Reh. Sie können gerne auch Vorbestellungen bei den aufgeführten Adressen aufgeben. Wir Schaumburger Jäger verpflichten uns, nur einwandfreies Wildbret, das den Hygienevorschriften entspricht, zu fairen Bedingungen abzugeben. Wir würden uns über neue und langfristige Geschäftsbeziehungen freuen!

H	S	M	R	NH	NF	**Erweiterter Vorstand**		
●	●	●	●	●	●	Heinrich Schütte	Im Winkel 16 3060 Stadthagen	05721/2114
●	●	●	●	●	●	Helmut Büttner	Preußenweg 21 3262 Auetal 4 (Bernsen)	05753/595
●	●	●	●	●	●	Willi Kerkhoff-Schäfer	Am Schäferhof 2 3062 Bückeburg	05722/25825
●	●	●	●	●	●	Wilhelm Mensching	Hauptstr. 78 3061 Pollhagen	05721/73377
●	●	●	●	●	●	Willi Kauke	Enzer Str. 5 3068 Helpsen	05721/3758
●	●	●	●	●	●	Ingrid Stephan	Dauestr. 2a 3260 Rinteln 1	05751/42188
●	●	●	●	●	●	Rüdiger Otto	Steinbrink 25 3260 Rinteln 13 (Uchtdorf)	05751/42391
●	●	●	●	●	●	Jobst Wagener	Schaumburger Weg 53 3060 Stadthagen	05721/3564
●	●	●	●	●	●	Klaus-Dieter Jeske	Meierfeld 39 3260 Rinteln 5 (Krankenhagen)	05751/41707

Bezugsquellen für Wildbret

H	S	M	R	NH	NF	**Forstdienststellen im Landkreis Schaumburg**		
	●		●	●		**Landesforstamt Rinteln**	Otto-Jordan-Weg 14 3260 Rinteln 1	05751/6338
						mit den folgenden Revierförstereien (RFö)		
	●		●	●		RFö Friedrichsburg	Kahler Berg 22 3253 Hess. Oldendorf 19 (Klein-Heßlingen)	05752 / 2717
	●		●	●		RFö Dobbelstein	Dobbelsteiner Weg 4 3260 Rinteln 12 (Hohenrode)	05152/2201
	●		●	●		RFö Taubenberg	Am Taubenberg 5 3260 Rinteln 13 (Uchtdorf)	05751/2413
	●		●	●		RFö Möllenbeck	Hildburgstr. 64 3260 Rinteln 6 (Möllenbeck)	05751/2221
	●		●	●		RFö Todenmann	Unter der Frankenburg 32 3260 Rinteln 1 (Todenmann)	05751/5642
	●		●	●		RFö Schaumburg	Auf der Bulte 22 3260 Rinteln 9 (Deckbergen)	05752/2718
●	●	●	●	●	●	**Kreisforstamt Spießingshol**	Jahnstr. 20 3060 Stadthagen	05721/703182
	●	●	●	●		mit RFö Obernwöhren	Waldstr. 25 3060 Stadthagen	05721/3579
	●	●	●	●		RFö Wendthagen	Schaumburger Weg 53 3060 Stadthagen	05721/3564
●	●		●	●		RFö Pollhagen	Natenhöhe 3061 Pollhagen	05721/72957
	●		●	●		RFö Hagenburg	Forsthaus 3055 Hagenburg	05033/7223

Abk.:
H = Hirsche (Rot- u. Damwild)
S = Sauen (Wildschweine)
M = Muffelwild
R = Rehwild
NH = Niederwild/Haarwild: Hase, Wildkaninchen
NF = Niederwild/Flugwild: Fasan, Rebhuhn, Wildente, Wildtaube

Bezugsquellen für Wildbret

H	S	M	R	NH	NF	Hegeringleiter		
	●		●	●	●	Willi Heumann	Heinrich-Kütemeier-Str.7 3063 Obernkirchen	05724/1602
●	●		●	●	●	Ernst Meier	Hevesen 1 3062 Bückeburg	05722/3305
	●	●	●	●	●	Horst Thürnau	Ehler Str. 2 3060 Stadthagen	05721/79141
●	●		●	●	●	Heinrich Stahlhut-Klipp	Brunnenstr. 7 3066 Niederwöhren	05721/75819
●	●		●	●	●	Johannes Diedrich	Meeresblickstr. 7 3051 Wölpinghausen	05037/3612
	●		●	●	●	Reinhold Siegmann	Hildburgstr. 64 3260 Rinteln 6 (Möllenbeck)	05751/2221
	●	●	●	●	●	Helmut Büttner	Preußenweg 21 3262 Auetal 4 (Bernsen)	05753/595
	●		●	●	●	Fritz Gehrke	Schmarriestr. 20 3255 Hülsede	05043/1577
	●		●	●	●	Wilhelm Bock	Osterfeldstr. 17 3052 Bad Nenndorf	05723/2434

Abk.: H = Hirsche (Rot- u. Damwild)
S = Sauen (Wildschweine)
M = Muffelwild
R = Rehwild
NH = Niederwild/Haarwild: Hase, Wildkaninchen
NF = Niederwild/Flugwild: Fasan, Rebhuhn, Wildente, Wildtaube

Bezugsquellen für Wildbret

H	S	M	R	N H	N F			
●	●		●	●	●	**Fürstliches Forstamt Bückeburg**	Schloßplatz 6/PF.1150 3062 Bückeburg Fax.	05722/5036 05722/1380
	●	●	●	●		**Klosterforstamt Wennigsen** mit	Klosteramthof 5 3015 Wennigsen 1	05103/2501
	●	●	●	●		RFö Reinsen	An der Bergkette 59 3060 Stadthagen	05721/3439
	●	●	●	●		RFö Borstel	Auf der Hude 3262 Auetal 5 (Borstel)	05753/549
	●	●	●	●		RFö Liekwegen	Forststr. 225 3065 Nienstädt	05724/8430
	●		●	●		RFö Auhagen	Revierförsterei 3051 Auhagen	05725/7429
						zusätzliche Privatreviere		
Wildkaninchen						Hans-Jürgen Requardt	Hinter der Exter 7 3260 Rinteln 5 (Krankenhagen)	05751/44511
Wildkaninchen						Horst Hesse	Feldweg 314 3065 Nienstädt	05721/6685

Dieses Buch wurde von Ute Bernhardt-Pätzold gestaltet, die Firma dps - Layout & Design, Laupheim lieferte den Satz, gedruckt wurde in der Druckerei Ute Bernhardt-Pätzold, Stadthagen,und die Buchbinderarbeiten übernahm Albert Rödiger in Langenhagen.

Mit freundlicher Genehmigung vom Verlag Paul Parey haben wir die Gedichte und Illustrationen von Walter Hulverscheidt, auf Seiten 32, 100, 112 und 128 aus dem Buch » ... und da sagte der Jägermeister «, 3. Auflage, Hamburg und Berlin 1966 entnommen.
Die Jahrgänge 1919 und 1921 der Zeitschrift » Wild und Hund « aus dem gleichen Verlag, waren uns Fundstelle vieler Abbildungen.

ISBN 3-89109-029-3

Bücher über Schaumburg

40 Jahre Reportertätigkeit dokumentiert in Wort und Bild. Mehr als 140 Fotos auf 96 Seiten lassen den Schaumburger Alltag von der Nachkriegszeit bis heute lebendig werden.
Im Buchhandel für DM 24,80
ISBN 3-891009-028-5

Bernd Reese
Mak watt du wutt
däi Löie kürt doch!
48 Seiten, 18 Abbildungen, Paperback
ISBN 3-89109-008-0 DM 4,80

Bernd Reese
Watt däi Löie sau kürt
48 Seiten, 23 Abbildungen, Paperback
ISBN 3-89109-16-1 DM 5,50

Bernd Reese
Dau däin Löin
nicks innen Hals!
48 Seiten, 23 Abbildungen, Paperback
ISBN 3-89109-026-9 DM 5,50

Wilhelm Wiemann
Schulgeschichte
und Dorfleben
in Schaumburge-Lippe
Die Schulchronik des gibt Einblick in das Schulleben und die Geschichte eines Dorfes in den Jahren 1901 bis 1945. Außergewöhnliche Fotografien erzählen vom Geist dieser Zeit.

78 Seiten, 80 Abb.
Paperback
ISBN 3 89 109-005-6
DM 24,80

UTE BERNHARDT-PÄTZOLD
DRUCKEREI & VERLAG

Sophie Bock

Silva Schoof

Monika v. Bre

Fr. S. Schoof

edt

Brigitte Ke

Roswitha Freise

Klaus Steffan

Renate Brennecke

Elis

schau

Renate Bollhöfer

Margrit Meyer

Karin Heide Michel

Nolteneier

Horst

Astrid Platz

Marlies Dillmann